Misioneros

Doctrina e Información, Inspiración, y Religiones del Mundo

Adrian P. Call, Jr.

COPYRIGHT
Copyright © 2017, 1999 Adrian P. Call, Jr.,
"The Missionary Blue Book" 2002. Todos los derechos reservados. La reproducción de este libro por cualquier medio esta prohibida por la ley.

ISBN: 978-0-9894427-1-8

Esta no es una publicación de La Iglesia de Jesucristo de los Santos de los Últimos Días. El autor es responsable del contenido.

Publicado por Olive Books, Provo, UT
Dibujos por Carolina Call
Arte Original por Brynne Isaksen
Portada diseñada por Adrian P. Call

La foto de la portada es de actores
Traducción al español por Majo Hernandez y Adrian Call

Libro disponible en ingles

AGRADECIMIENTOS

Me gustaría expresar mi agradecimiento a aquellas personas que han contribuído con comentarios valiosos relacionados con "El libro azul del misionero" (no aparecen en orden de importancia): Carolina Call, Melanie (Call) Bailey, Jesse Smith, Majo Hernandez, Garth Show, Bibhau Tamang, Dr. Victor L. Ludlow, Brynne Isaksen, mi abuela - Laura (Pratt) Call, y Scott Faulring-editor de *An American Prophet's Record The Diaries and Journals of Joseph Smith*; también a Ron y Krys de TriQuest.

Me gustaría agradecer especialmente al Dr. Robert J. Matthews por sus sugerencias y comentarios tan valiosos. El anterior Decano de Educación Religiosa en la Universidad de Brigham Young, y autor de libros como *A Burning Light: The life and Ministry of John The Baptist* y *"A Plainer Translation: Joseph Smith's Tanslation of the Bible, a History and Commentary."*

Me gustaría agradecer a la Iglesia de Jesucristo de los Santos de los Últimos Días por la autorización dada para utilizar diferentes citas.

Me gustaría agradecer a mi presidente de misión, Albert Farnsworth, para publicar en este libro su diagrama: El Gran Plan del Dios Eterno.

Me gustaría agradecer a mi padre, Dr. Adrián Call, Sr., MD por su colaboración en la parte de la Palabra de Sabiduría y por su total apoyo en este proyecto, contribuyendo con muchos comentarios y siendo una fuente de inspiración.

A LOS MANSOS DE LA TIERRA

INTRODUCCIÓN

Hace muchos años mi meta era escribir una guía de referencias adecuada para misioneros. Al ver que estaba alcanzando esa meta, me di cuenta de que ésta se había ampliado. "El Libro Azul del Misionero" puede ser útil para todos los de la Casa de Israel, así como para muchos Gentiles que están buscando la verdad de la vida. Esta guía puede ser útil para cualquiera, no sólo misioneros.

A lo largo de mi vida, he visto como amigos y conocidos han encontrado el evangelio. He visto como sus vidas han cambiado por completo. Desde amigos del Instituto hasta gente de mi misión en Ecuador, pasando por amigos de hoy y conocidos, el efecto es el mismo: felicidad verdadera. Si alguna vez alguien se ha preguntado acerca del propósito de la vida, puede que encuentre la respuesta en las páginas de este libro. Espero que el lector disfrute de estas páginas.

Maravillosos y confortantes recuerdos vienen a mi mente al mirar atrás a mi misión. Recuerdo los pensamientos que tuve el día después de regresar a casa. Con todo mi corazón, quería regresar a Ecuador y ser misionero otra vez. Los recuerdos de mi misión siempre me traen sentimientos indescriptibles. Esos sentimientos volvían frecuentemente cuando enseñaba en la MTC. Ahora, después de muchos años quisiera presentar este libro al mundo como una contribución a la verdad. Espero que cumpla con su propósito.

Esta compilación de referencias y ensayos no sólo contiene citas de las escrituras y referencias, sino que también posee mucha información útil, incluyendo un sumario acerca de las religiones del mundo. He consultado libros relacionados con los misioneros: Jesús el Cristo, Artículos de Fe, Una Obra Maravillosa y Un Prodigio, Principios del Evangelio, La Verdad Restaurada, Enseñanzas del Profeta José Smith, Doctrina del Evangelio, Doctrina de Salvación I-II-III, El Milagro del Perdón, Doctrina Mormona y muchos más. Para una lista de libros más detallada, veáse la bibliografía.

Este libro ha sido escrito para ayudarle, *en un esfuerzo para hacer que las mejores escrituras y referencias estén al alcance de su mano.*

Como usar este libro siendo misionero o instructor:

Al llegar a cierto punto en su misión, puede que este enseñando un principio de las charlas y quiera una rápida referencia de cierta escritura, o idea que no puede recordar en ese momento. Esta guía de referencias le será muy útil en esos momentos. Usted puede usar la guía para proveer una base de escrituras para sus comentarios. Poniendo esto en práctica, las cosas que diga tendrán más credibilidad.

Como instructor, puede que este dando un discurso o una lección y necesite una referencia rápida. Con esta guía, usted puede encontrar rápidamente la referencia en la que esta pensando.

Recuerde, este libro ha sido escrito para los misioneros SUD y por lo tanto asume que el lector tiene un conocimiento básico de la doctrina y normas de la Iglesia.

Ahora, mi consejo para el misionero es: trabaje duro y conserve el enfoque. Ame a la gente y deje que la predicación del evangelio sea su pasión.

El evangelio es verdadero.
Adrian P. Call, Jr.

TABLA DE CONTENIDOS

- **AGRADECIMIENTOS** 3
- **A LOS MANSOS DE LA TIERRA** 3
- **INTRODUCCIÓN** 4
- *PART I: DOCTRINA E INFORMACIÓN* 14
  - **ABORTO** 15
  - **APARICIONES DE DIOS** 15
  - **APOSTASIA** 16
    - INTERNA 18
    - CAMBIOS EN EL BAUTISMO 19
    - IDOLATRIA CRISTIANA 19
    - CAMBIOS EN LA SANTA CENA 20
  - **APOSTOLES DE LA BIBLIA** 20
  - **APOSTOLES MODERNOS** 24
    - ORDEN DE ANTIGÜEDAD 24
    - PRIMERA PRESIDENCIA 24
    - EL QUORUM DE LOS DOCE APOSTOLES .. 25
  - **ARREPENTIMIENTO** 28
    - RECONOCERLO 28
    - OTROS 28
  - **ASISTENCIA A LA IGLESIA** 29
  - **LOS ATRIBUTOS DE DIOS** 30
  - **AUTORIDAD** 31
  - **EL AYUNO** 32
  - **BAILE** 32
  - **BAUTISMO** 33
    - ¿CUANDO? 34
    - ¿NIÑOS? 34
    - POR INMERSION 35
  - **BAUTISMO POR LOS MUERTOS (Y OBRA VICARIA)** 36
  - **LA CAÍDA** 36
  - **CASTIDAD** 37
  - **CREACION** 39
  - **CRONOLOGIA DE LA IGLESIA SUD** ... 40

CRONOLOGIA DE LA TIERRA	**51**
EL DÍA DE REPOSO	**57**
EN EL PRIMER DÍA DE LA SEMANA, EL DOMINGO, NO EL SÁBADO	57
SANTIFICAR EL DÍA DE REPOSO	57
DIEZMOS Y OFRENDAS	**59**
EL DON DE LENGUAS	**60**
LAS ESCRITURAS	**61**
EL ESPÍRITU SANTO	**62**
LA DIFERENCIA ENTRE EL ESPÍRITU SANTO Y EL DON DEL ESPÍRITU SANTO	63
LA EXALTACIÓN	**63**
HEREDEROS DE DIOS	64
GLORIAS	64
MATRIMONIO CELESTIAL	65
SED PERFECTOS	65
LO SIGUIENTE ES UNA LISTA DE REQUISITOS PARA LA EXALTACIÓN DADA EN PRINCIPIOS DEL EVANGELIO:	66
LA EXPIACIÓN	**67**
LA EVOLUCIÓN	**68**
FE	**69**
POR OBRAS	70
DUDAS	71
BUSCADORES DE SEÑALES	71
FE + OBEDIENCIA	72
GUERRAS, MUERTES- ¿POR QUE?	**72**
HOMOSEXUALIDAD	**74**
IDOLATRÍA	**75**
LA IGLESIA VERDADERA DE CRISTO	**76**
NO TIENE DIVISIONES	76
LOS CIMIENTOS	76
EL NOMBRE	77
DIECISIETE PUNTOS DE LA IGLESIA VERDADERA	77
LA IMPOSICIÓN DE MANOS	**78**
INFIERNO	**79**

HIJOS DE PERDICIÓN	80
JEHOVÁ = JESUCRISTO	**80**
JESUCRISTO, EL CREADOR	**82**
JUEGOS DE AZAR	**83**
LECCIÓNES (CHARLAS)	**83**
LECCIÓN UNO	83
EL MENSAJE DE LA RESTAURACIÓN DEL EVANGELIO DE JESUCRISTO	83
LECCIÓN DOS	85
EL PLAN DE SALVACIÓN	85
LECCIÓN TRES	86
EL EVANGELIO DE JESUCRISTO	86
LECCIÓN QUATRO	86
LOS MANDAMIENTOS	87
LECCIÓN CINCO: (Después del bautismo y la confirmación)	88
LAS LEYES Y ORDENANZAS	88
EL LIBRO DE MORMON	**89**
TESTIGO DE	91
EL LIBRO DE MORMON - EVIDENCIAS	**92**
EL ENCUENTRO DE ANTIGUAS PLANCHAS DE METAL	93
EL USO DE ACERO, CABALLOS Y OTROS ANIMALES POR LOS INDIOS AMERICANOS	93
ANTIGUOS INMIGRANTES A LAS AMERICAS	95
LA LEGENDA DE HUEMAN Y OTRAS	96
EL ARBOL DE LA VIDA	96
PRACTICAS ISRAELITAS	97
LA HISTORIA DE SPAULDING	97
EVIDENCIA DE LA TRADUCCION	98
LA MARCA DE CAIN	**100**
EL MATRIMONIO CIVIL ES NECESARIO	**101**
DIVORCIO	102
EL MATRIMONIO PLURAL	**103**
MILAGROS	**103**

MILAGROS DE JESÚS	104
EL MILENIO	**106**
MISCELANEOS	**108**
MUJERES EN LA IGLESIA	**109**
EL MUNDO DE LOS ESPÍRITUS	**110**
ORACIÓN	**110**
RECIBIR RESPUESTAS	110
CUANDO ORAR	111
COMO ORAR	112
**CUATRO PASOS DE LA ORACIÓN	112
¿POR QUÉ ORAMOS?	113
OTROS	114
ORDENANZAS DEL SACERDOCIO	**114**
LA BENDICIÓN DEL PAN	114
LA BENDICIÓN DEL AGUA	114
BAUTISMO	115
CONFIRMACIÓN	115
CONSAGRACIÓN DEL ACEITE	115
SANANDO AL ENFERMO	116
LA BENDICIÓN DE LOS NIÑOS	116
ORDENACIÓN AL SACERDOCIO DE AARÓN	117
ORDENACIÓN AL SACERDOCIO DE MELQUISEDEC	117
DEDICACIÓN DE TUMBAS	118
PALABRA DE SABIDURÍA	**118**
ALCOHOL	118
OTROS ABUSOS	118
CARNE	119
PALABRA DE SABIDURÍA, EVIDENCIA MÉDICA	**119**
PARÁBOLAS	**121**
POR QUE TENEMOS PARABOLAS	121
ACERCA DEL REINO DE DIOS	121
OBRA MISIONAL	122
EL NOMBRE DE CRISTO	122
OFRENDAS	123

- OTROS 123
- **PELICULAS** **123**
- **EL PLAN DE FELICIDAD** **124**
- **PROFETAS** **128**
  - LA IMPORTANCIA 128
  - NO LOS RECHACE 128
  - FALSOS PROFETAS 129
  - EN LOS ÚLTIMOS DÍAS 129
  - CUMPLIMIENTO DE LAS PROFECÍAS DE LOS ÚLTIMOS DÍAS 130
  - OTROS 130
  - TIEMPO DE SERVICIO PRESTADO POR LOS PROFETAS MODERNOS 130
- **QUETZALCOATL, EL DIOS BLANCO BARBADO** **131**
- **EL RECOGIMIENTO DE ISRAEL** **132**
- **LA RESTAURACIÓN** **134**
- **LA RESURRECCIÓN** **135**
  - DE JESUCRISTO 135
  - DE OTROS 136
- **REVELACIÓN** **137**
- **SACERDOCIO** **138**
  - ESTRUCTURA DE 138
  - RESTAURACIÓN DE 139
  - LA IMPORTANCIA DE LA AUTORIDAD ... 139
  - EL JURAMENTO Y CONVENIO DEL SACERDOCIO 140
- **SANIDADES** **140**
- **LA SANTA CENA** **141**
- **LA SEGUNDA VENIDA DE JESUCRISTO** **142**
- **LA TRINIDAD** **144**
- **TEMPLOS, LA OBRA DEL TEMPLO** ... **144**
  - 111 ESCRITURAS RELACIONADAS CON EL TEMPLO; PIENSE EN SU SIGNIFICADO 145
- **LA VIDA PREMORTAL** **155**
- EL ESPÍRITU DEL HOMBRE 156
- **VISIONES** **156**

VISITAS DE ANGELES	157
EL DIABLO COMO UN ANGEL	159
PARTE II INSPIRACIÓN	*160*
ADVERSIDAD	161
AMIGOS	161
AMOR	162
CHISMEAR	163
COMUNICACIÓN	164
CONVERSACIÓN	165
EDUCACIÓN	165
EJEMPLO	166
ESCUCHANDO	167
ESPERANZA	168
ESPIRITUALIDAD	168
FAMILIA	170
FELICIDAD	172
IRA	172
JESUCRISTO	174
JUZGANDO	174
LIBRE ALBEDRÍO	175
LIDERAZGO	176
MANDAMIENTOS	177
LOS DIEZ MANDAMIENTOS	178
MIEDO	179
OBRA MISIONAL	180
INVESTIGADORES DE ORO	183
REFERENCIAS DE NUEVOS CONVERSOS	183
ORGULLO	183
ORIENTACIÓN FAMILIAR	185
PENSAMIENTOS	185
PERDÓN	186
PERFECCIÓN	187
REVERENCIA	188
PARTE III RELIGIONES DEL MUNDO	*190*
ADVENTISTAS DEL SÉPTIMO DÍA	191
BAUTISTAS	192
BUDISTAS	192

CATÓLICA ROMANA	194
CUÁQUEROS (LA SOCIEDAD RELIGIOSA DE AMIGOS)	196
EJÉRCITO DE SALVACIÓN	197
EPISCOPAL PROTESTANTE	197
EVANGÉLICA REFORMADA	198
LOS HERMANOS EVANGÉLICOS UNIDOS	198
HINDUISMO	198
LA IGLESIA ANGLICANA	199
LA IGLESIA DE CRISTO, CIENTÍFICA	200
IGLESIAS DE CRISTO EN ESTADOS UNIDOS	200
LA IGLESIA DE JESUCRISTO DE LOS SANTOS DE LOS ÚLTIMOS DÍAS	201
LA IGLESIA UNIDA DE CRISTO EN LOS ESTADOS UNIDOS	201
ISLAM	202
JUDAÍSMO	204
FESTIVIDADES JUDÍAS	206
EL SERVICIO SEDER DE LA PASCUA	207
LUTERANOS	213
METODISTAS	214
ORIENTAL ORTODOXA	214
PRESBITERIANOS	215
SIJISMO	216
SINTOÍSMO	217
TAOÍSMO	218
TESTIGOS DE JEHOVÁ	219
APÉNDICE: UN EJEMPLO DE COMO ENSEÑAR UNA LECCIÓN ACERCA DE LOS PROFETAS	*223*
PROFETAS	223
¿QUÉ ES UN PROFETA?	223
DESPUÉS DE LA MUERTE DE CRISTO ¿HUBO PROFETAS DE DIOS?	224
¿VAN A VENIR PROFETAS EN ESTA ÉPOCA MODERNA?	225
PROFETAS Y APÓSTOLES EN ESTOS DÍAS	225

USTED PUEDE SABER QUE ESTAS COSAS
SON VERDADERAS Y SENTIRLO EN SU
CORAZÓN 227
BIBLIOGRAFÍA *228*

PART I: DOCTRINA E INFORMACIÓN

ABORTO

ABORTO

Preguntas Comunes: ¿Permite la Iglesia el aborto?; ¿Cuáles son las excepciones?

No matarás, ni harás ninguna (DyC 59:6)
cosa semejante (no llevar a
cabo abortos)

"Los miembros de la Iglesia no deben someterse, formar parte, o llevar a cabo abortos" (General Handbook, 11-4). Las únicas excepciones 'son en caso de incesto o violación, o en caso de que autoridades médicas competentes certifiquen que la vida de la madre esta en serio peligro, o que el feto, al estar severamente malformado, no llegue a sobrevivir al nacimiento' (Packer, p.85). Aún así estas excepciones no justifican automáticamente el aborto." Uno debe consultar a su obispo.
(Encyclopedia of Mormonism vol.1, p. 7)

APARICIONES DE DIOS

Preguntas Comunes: ¿Puede el hombre ver a Dios?; ¿Quién puede ver a Dios?; ¿Hay alguna referencia en la Biblia de algún hombre que haya visto a Dios?; ¿Hay alguna referencia en la Biblia que diga que el hombre ha visto a Dios?; ¿Qué hay de Juan 1:18 que dice que ningún hombre ha visto a Dios?

Dios **se aparece a Abram** (Génesis 12:7)
Dios se aparece a Isaac (Génesis 26:17,24)
Jacob ve al Dios de Israel y (Génesis 32:30)
vive

APARICIONES DE DIOS

Moisés, Aarón, Nadab, Abiu, y setenta élderes ven al Dios de Israel	(Éxodo 24:9-10)
Moisés ve la cara de Dios	(Éxodo 33:11)
Salomón lo ve dos veces	(1 Reyes 11:8-9)
Job podrá ver a Dios en su carne	(Job 19:26)
El hombre casi siempre habla con Jesús el cual es presentado por el Padre	(Juan 5:22-23)
Juan 1:18 dice que a Dios nadie le vio jamás, esto es una mala interpretación -Debes ser un hombre santo	(Juan 6:46-47; DyC 67:10-13; Moisés 1:11-14)
Esteban vio a Jesús a la mano derecha de Dios	(Hechos 7:51-56)
Buscando la aparición de Dios y Jesucristo	(Tito 2:13)
Uno puede ver a Dios con un corazón santificado	(Hebreos 12:14)
José Smith vé a Dios y Jesucristo	(JS-H 1:17)

APOSTASIA

Preguntas Comunes: La Iglesia de Jesucristo nunca desapareció; tradiciones familiares; filosofías del mundo; no existe una iglesia verdadera; no hubo profecías acerca de la apostasía; etc.

Amós profetiza acerca del **hambre espiritual**	(Amós 8:11-12)
Han *cambiado* y roto los convenios, leyes, y ordenanzas	(Isaías 24:5)

APOSTASIA

La palabra de Dios ha sido cambiada; escrita erróneamente por "la pluma de los escribas"	(Jeremías 8:8)
"Muchos **pastores** han destruido mi viña"	(Jeremías 12:10-17)
En vano adoran con sus bocas; falsa doctrina	(Marcos 7:7-9)
El dirá: *Nunca os conocí* aun cuando obraréis milagros	(Mateo 7:21-27)
Cuidaros de las falsas doctrinas de los *Fariseos* y de los *Saduceos*	(Mateo 16:11-12)
Los profetas y Jesús son golpeados, *apedreados*, y muertos/PARABOLA	(Mateo 21:33-4)
El reino de Dios será quitado de entre vosotros	(Mateo 21:41-46)
*Rechazaron el mensaje, y *mataron a* los profetas	(Marcos 12:1-11)
Dejad que los ciegos guíen a los ciegos hacia el hoyo	(Mateo 15:12-14)
"Cualquiera que os mate, pensará que rinde servicio a Dios"	(Juan 16:1-4)
Cuidaros de las filosofías, engaños, y tradiciones que os pueden confundir	(Colosenses 2:8)
Predicción de la apostasía en los últimos tiempos; espíritus seductores, hipocresía, prohibición del matrimonio	(1 Timoteo 4:1-3)

APOSTASIA

**Tendrán apariencia de piedad, pero negaran la eficacia de ella; "amadores de sí mismos, avaros, vanagloriosos, soberbios, blasfemos, desobedientes a los padres, ingratos, impíos, sin afecto natural, implacables, calumniadores, intemperantes, crueles, aborrecedores de lo bueno, traidores, impetuosos, infatuados, amadores de los deleites más que de Dios" (2 Timoteo 3:1-8; 4:3-4)

Doctrinas diversas y extrañas que no son provechosas (Hebreos 13:9)

Cuidaros de falsa doctrina, *falsos profetas*, y falsos maestros que traen condenación (2 Pedro 2:1-3)

Por motivo de las *tradiciones* incorrectas de sus padres, los Lamanitas (Alma 9:16-17; 24:7)

Apostasía y doctrinas, iglesias falsas; falsos maestros (2 Nefi 28)

INTERNA

Algunos discípulos traicionan a Jesús al ser ofendidos por Sus duras enseñanzas (Juan 6:60-61)

Aquellos a quienes Jesús habló eran de la simiente de Abraham, pero no le seguían (Juan 8:33, 37-44)

APOSTASIA

La predicción de Jesús acerca del *rechazo de los apóstoles* y de su muerte	(Juan 16:1-4)
Hombres perversos se levantarán y se llevarán discípulos tras de sí	(Hechos 20:29-30)
Otro evangelio, el cual es una forma tergiversada del evangelio de Jesucristo, es predicado	(Gálatas 1:6-7)
Una apostasía antes de la Segunda Venida; y uno haciéndose pasar por Dios	(2 Tesalonicenses 2:3-4)
"Salieron de nosotros, pero no eran de nosotros"	(1 Juan 2:18-19)
El número de la bestia que es adorado por el mundo es el 666	(Apocalipsis 13:18)

CAMBIOS EN EL BAUTISMO

El bautismo por aspersión, en lugar de por inmersión, y el bautismo de niños pequeños, fueron iniciados durante la primera parte del siglo tercero. (*The Great Apostasy,* p.90)

IDOLATRIA CRISTIANA

Comenzó alrededor de la primera parte del siglo cuarto. La Iglesia de Inglaterra confesó que "El sector laico y el clero, educados y sin educar, de todas las edades, sectas, y grados, han sido ahogados durante ochocientos años y mas en una idolatría abominable, la mas detestada por Dios y condenatoria para el hombre" (Ibíd., p. 87; Ibíd., p.121 –citado de *Church of England "Homily on Perils of Idolatry,"* p.3).

APOSTASIA

CAMBIOS EN LA SANTA CENA

La doctrina de la transubstanciación empezó a enseñarse en el siglo noveno. Esta doctrina consiste en que el pan y el vino son literalmente transformados en la carne y la sangre de Jesucristo. (Ibíd., p.91)

APOSTOLES DE LA BIBLIA

Preguntas comunes: ¿Quienes fueron los apóstoles?; ¿Hay apóstoles hoy día?
(Veáse Lucas 6:13-16)

Los doce apóstoles juzgarán las tribus de Israel	(1 Nefi 12:9; Mateo 19:28; DyC 29:12)

Simón Pedro: El apóstol principal en su día

El ministerio de Pedro lleva el evangelio a los gentiles	(Hechos 10-11)
Trabajó en Babilonia (probablemente en el Eúfrates o Roma)	(Veáse *Bible Dictionary*, p.749)
Sus compañeros de proselitismo: Marcos, Silvano (o Silas)	
Martirizado en Roma en el año 64 o 65 DC	(Veáse *Bible Dictionary*, p.749)
...posiblemente "clavado a una cruz con la cabeza hacia abajo, ya que el se consideró a sí mismo indigno de ser crucificado de la misma manera que su Señor."	(*Dictionary of the Bible*, p.754)

Andrés: Hermano de Simón Pedro

APOSTOLES DE LA BIBLIA

"Uno de los primeros en ser llamado como discípulo de Cristo" (*Bible Dictionary*, p.608)

Predicó en Escitia (en la parte Suroeste de Europa, al norte del Mar Negro) (*Dictionary of the Bible*, p. 31)

Posiblemente "crucificado en Patros" (Ibíd., p. 31)

Santiago: Hijo de Zebedeo; hermano de Juan
Uno de los del íntimo círculo de tres [Pedro, Santiago y Juan] "escogido...en ocasiones especiales" (*Bible Dictionary*, p.709)

Decapitado por Herodes (Hechos, 12:2)

Juan: Hijo de Zebedeo; hermano de Santiago
Uno de los del íntimo círculo de tres [Pedro, Santiago y Juan] (*Bible Dictionary*, p. 715)

El discípulo "al cual Jesús amaba" (Juan 13:23; 21:7)

Prisionero en la isla de Patmos (Apocalipsis 1:9)

Juan no murió (Veáse *Bible Dictionary*, p. 175)
(Juan 21:20-23)

Felipe: Era de Betsaida (Juan 1:44)
"Trabajó en Asia Menor"
"Enterrado en Hierapolis" (*Dictionary of the Bible*, p.763)

Bartolomé:

APOSTOLES DE LA BIBLIA

Posiblemente también era llamado Natanael (en el evangelio de Juan)
Pudo haber "[escrito] un evangelio"
Pudo haber "predicado a la [gente de India]"
"Murió en Albanápolis, Armenia." (Ibíd., p.90)

Mateo: Antes conocido como Leví (su nombre hebreo)
Hijo de Alfeo
"Cobrador de impuestos en Capernaum"
"Probablemente un profundo judío con amplio conocimiento del Antiguo Testamento"
"La tradición sostiene que murió como mártir." (*Bible Dictionary*, p.729)

Tomás: o Dídimo (su nombre griego)
"De acuerdo con Eusebio, él evangelizó Parthia, mientras que de acuerdo con Jerónimo se fue a Persia. Otros le atribuyen la fundación del cristianismo en la India." (*Dictionary of the Bible*, p.997)

Santiago: Hijo de Alfeo

APOSTOLES DE LA BIBLIA

Conocido como "el menor," lo cual "está basado probablemente en el dicho de que era corto de estatura, para distinguirlo del otro apóstol Santiago, el hijo de Zebedeo." (Marcos 15:40) (*Dictionary of the Bible*, p. 457)

Simón: También llamado Zelotes

    (Lucas 6:15; Hechos 1:13)
"El cananista" (Mateo 10:4; Marcos 3:18)

Judas: Hijo o hermano de Santiago

    (Lucas 6:16; Juan 14:22; Hechos 1:13)
Probablemente es el mismo que Lebeo o Tadeo (Mateo 10:3; Marcos 3:18)

Judas Iscariote:
"El único discípulo judío [y el único que no era de Galilea]"
"Alguien con prometedor liderazgo"
Tesorero de los doce (Juan 12:6; 13:29)
"En el Nuevo Testamento su nombre siempre va al final de la lista de los discípulos. Ese lugar fue debido a la traición de Jesús..." (*Dictionary of the Bible*, p.535-536)
"Se ahorcó." (Mateo 27:5)
(Información tomada de *Church News*, Nov. 4, 1995, Pág. 14)

Los 12 apóstoles serán jueces (1 Nefi 12:9)
NOTA: Marcos y Lucas no eran apóstoles. Marcos fue 23

APOSTOLES MODERNOS
compañero de misión de Pedro y de Pablo. Lucas fe compañero de misión de Pablo.

APOSTOLES MODERNOS
Preguntas comunes: ¿Usa Dios profetas y apóstoles hoy día? ; ¿Quiénes son los profetas y apóstoles que ha escogido?

ORDEN DE ANTIGÜEDAD
Thomas S. Monson, Russell M. Nelson, Dallin H. Oaks, M. Russell Ballard, Robert D. Hales, Jeffery R. Holland, Henry B. Eyring, Dieter F. Uchtdorf, David A. Bednar, Quentin L. Cook, D. Todd Christofferson, Neil L. Andersen, Ronald A. Rasband, Gary E. Stevenson, y Dale G. Renlund.

PRIMERA PRESIDENCIA
Thomas S. Monson:
Thomas S. Monson nació el 21 de Agosto de 1927 en Salt Lake City. Fue escojido el Presidente de la Iglesia el 3 de Febrero de 2008. Fue ordenado apóstol el 4 de Octubre de 1963. Se selló a Frances Beverly Jonson el 7 de Octubre de 1948 en el templo de Salt Lake. Se graduó con honores de la Universidad de Utah con un título en administración de empresas y mas tarde recibió su MBA de BYU. Sirvió en la Marina durante la Segunda Guerra Mundial. Ha servido en la Primera Presidencia bajo los Presidentes EzraTaft Benson, Howard W. Hunter, y Gordon B. Hinckley.

Henry B. Eyring:
Henry B. Eyring nació el 31 de Mayo de 1933 en Princeton, New Jersey. Fue ordenado apóstol el 1 de Abril de 1995. Se selló a Kathleen Jonson el 27 de Julio de 1962 en el templo de Logan. Se graduó de la Universidad de Harvard con un M.A y un Doctorado en Administración de empresas. Sirvió en las fuerzas aéreas de 1955 a 1957.

APOSTOLES MODERNOS

Dieter F. Uchtdorf:
Dieter F. Uchtdorf nació el 6 de Noviembre de 1940 en Mahrisch-Ostrau Czechoslovakia. Fue ordenado apóstol el 2 de Octobre de 2004. Se selló a Harriet Reich Uchtdorf. Se educó como ingeniero y administración de empresas internacionales. Fue pilota de Lufthansa German Airlines.

EL QUORUM DE LOS DOCE APOSTOLES

Russell M. Nelson:
Russell M. Nelson nació el 9 de Septiembre de 1924 en Salt Lake City, Utah. Fue ordenado apóstol el 7 de Abril de 1984. Se selló a Dantzel White el 31 de Marzo de 1945 en el templo de Salt Lake. Se graduó de la Universidad de Utah en 1945 y mas tarde recibió Master allí. Se graduó de la Escuela de Medicina de Minnesota, y después recibió un doctorado en 1954 de la Universidad de Minnesota. Sirvió como cirujano para la Armada desde 1951 a 1953.

Dallin H. Oaks:
Dallin H. Oaks nació el 12 de Agosto de 1932 en Salt Lake City, Utah. Fue ordenado apóstol el 7 de Abril de 1984. Se selló a June Dixon el 24 de Junio de 1952 en el templo de Salt Lake. Se graduó de BYU en 1954 con un título en Contabilidad y mas tarde recibió un doctorado Juris de la Universidad de Chicago.

M. Russell Ballard:
M. Russell Ballard nació el 8 de Octubre de 1928 en Salt Lake City, Utah. Fue ordenado apóstol el 6 de Octubre e 1985. Se selló a Barbara Bowen el 28 de Agosto de 1950 en el templo de Salt Lake. Asistió a la Universidad de Utah durante los años 1946-48, y 1950-51. Sirvió una misión en Gran Bretaña desde 1948 a 1950.

APOSTOLES MODERNOS

Robert D. Hales:
Robert D. Hales nació el 24 de Agosto de 1932 en New Cork City. Fue ordenado apóstol el 2 de Abril de 1994. Se selló a Mary Elene Crandall el 10 de Junio de 1953 en el templo de Salt Lake. Se graduó de la Universidad de Utah en 1954 y mas tarde se graduó de al Universidad de Harvard en 1960 con un MBA. Sirvió el las Fuerzas Aéreas.

Jeffrey R. Holland:
Jeffrey R. Holland nació el 3 de Diciembre de 1940 en St. George, Utah. Fue ordenado apóstol el 23 de Junio de 1994. Se selló a Patricia Ferry el 7 de Junio de 1963 en el templo de St. George. Se graduó de BYU en 1965 y recibió un Master en 1966 con títulos en inglés y Educación Religiosa respectivamente. En 1972 recibió un M.A y un Doctorado de la Universidad de Yale en Estudios Americanos. Sirvió una misión en Gran Bretaña desde 1960 a 1962.

David A. Bednar:
David A. Bednar nació el 15 de Diciembre de 1952 en Oakland, California. Fue ordenado apóstol el 2 de Octubre de 2004. Se casó con Susan Kae Robinson en 1975. Se graduó de BYU en Comunicación y despues recibió un Master de Comunicación en 1977. En 1980 recibió un doctorado de Purdue University en Comportamiento Organizacional. Sirvió una misión en Alemania.

Quentin L. Cook:
Quentin L. Cook nació el 8 de Septiembre de 1940 en Logan, Utah. Fue ordenado apóstol el 6 de Octubre de 2007. Se casó con Mary Gaddie en 1962. Se graduó de Utah State University en 1962 en Cienia Politica y despues se graduó de Stanford Law School en 1966. Sirvió una misión en Inglaterra.

APOSTOLES MODERNOS

D. Todd Christofferson:
D. Todd Christofferson nació el 24 de Enero de 1945en American Fork, Utah. Fue ordenado apóstol el 5 de Abril de 2008. Se casó con Katherine Jacob en 1968. Se graduó de BYU y despues se recibió un J.D. de Duke University School of Law. Sirvió una misión en Argentina.

Neil L. Andersen:
Neil L. Andersen nació el 9 de Agosto de 1951 en Logan, Utah. Fue ordenado apóstol el 4 de Abril de 2009. Se casó con Kathy Sue Williams en 1975. Se graduó de BYU y despues se recibió un MBA de Harvard Business School. Sirvió una misión en Francia.

Ronald A. Rasband
Ronald A. Rasband nació el 6 de Febrero, 1951 en Salt Lake City, Utah. El fue sostenado apóstol el 3 de Octubre, 2015. Se casó con Melanie Twitchell en 1973. Asistio el University of Utah and recibió un honorary doctorate de negocio de Utah Valley State College. Sirvió una misión en el Eastern States Mission.

Gary E. Stevenson
Gary E. Stevenson nació el 6 de August, 1955 en Ogden, Utah. El fue sostenado apóstol el 3 de Octubre, 2015. Se casó con Lesa Jean Higley en 1979. El estudió negocio en Utah State University. Sirvió una misión en Japón. El es co-fundador de Icon Health & Fitness, Inc.

Dale G. Renlund
Dale G. Renlund nació el 13 de Noviembe, 1952 en Salt Lake City, Utah. El fue sostenado apóstol el 3 de Octubre, 2015. Se casó con Ruth Lybbert en 1977. Se graduó de la University of Utah y se recibió un B.S. en Química y despues se recibió un MD. Sirvió una misión en Suecia.

ARREPENTIMIENTO

(Anderson and Baugh, pp. 1-71; Church Almanac, pp.15-20, 26, lds.org)

ARREPENTIMIENTO
VEASE TAMBIÉN PERDÓN
Preguntas Comunes: ¿Por qué nos arrepentimos?; ¿Cómo nos arrepentimos?

RECONOCERLO

No hay ninguno *que no peque*	(Eclesiastés 7:20)
*Los Fariseos **ESCONDIERON SU PECADO***	(TJS Mateo 23:21, 24)
La verdad os hará libres	(Juan 8:32)

OTROS

El Señor **todavía tiene su mano extendida**	(Isaías 5:25; 9:12, 17, 21; 10:4; Romanos 10:20-21)
El arrepentimiento *es mejor que la rectitud*, parábola	(Mateo 21:28-32)
No preocuparos por la opinión del mundo; ser de ánimo carnal es muerte	(Romanos 8:5-6)
*Debemos mostrar **la pena que es según Dios**	(2 Corintios 7:9-10)
Si te arrepientes, *entonces yo perdono*	(Mosíah 26:29-35)

ARREPENTIMIENTO

*Arrepiéntete y abandona tus pecados para servir a Dios día y noche (3 Nefi 5:3)

"Yo...los misterios del pecado...No saben el misterio que está por venir, ni entienden las cosas del pasado. No saben aquello que les acontecerá, ni preparan su alma para el misterio que está por venir." (*DEAD SEA SCROLLS IN ENGLISH*, p. 209; Qumran Cave 1, pp.102-105)

LOS CINCO PASOS DEL ARREPENTIMIENTO
1. Reconocer
2. Sentir pena según Dios
3. Hacer restitución
4. Pedir perdón a Dios y a aquellos que estén involucrados
5. No repetirlo

"El arrepentimiento no es una cosa con la que se puede jugar cada día. La transgresión y el arrepentimiento diarios no es algo agradable a la vista de Dios."
(Joseph Smith's Teachings, p.136 -citado de History of the Church, 3, p.379)

ASISTENCIA A LA IGLESIA

Preguntas Comunes: ¿Porque debo ir a la Iglesia?; ¿Cuando debo ir?; ¿Cual es el propósito de la asistencia a las reuniones?

Congregación y adoración	(2 Crónicas 29:28)
De ti será mi alabanza en la gran congregación	(Salmos 22:25)
De ti será mi alabanza en las asambleas	(Salmos 111:1)
Congregación de los santos	(Salmos 149:1)

ASISTENCIA A LA IGLESIA

Asambleas con la Iglesia	(Hechos 4:31)
Venid junto a la Iglesia	(1Corintios 11:18)
La Iglesia es un solo cuerpo	(1Corintios 12:20; Efesios 4:4)
No olvidar el congregarse	(Hebreos 10:24-25)
Una vez por semana	(Mosíah 18:25)
Juntos frecuentemente	(Alma 6:6)
Tener reuniones a menudo	(DyC 20:75)
"Nunca desechar a nadie de vuestros servicios públicos"	(DyC 46:3-6)
Asistir cada semana para guardarse de los pecados del mundo	(DyC 59:9)

LOS ATRIBUTOS DE DIOS

Preguntas Comunes: ¿Cómo es Dios?; ¿Tiene una personalidad?; ¿Cuál es su nombre?; ¿Cómo funciona Dios?

Imagen	(Génesis 1:27)
También es Carne	(Génesis 6:3)
Cara	(Génesis 32:30)
Dios es misericordioso, piadoso y tardo para la ira	(Éxodo 34:6)
Mis pensamientos no son los tuyos dice el Señor	(Isaías 55:8-9)
Cólera	(Jeremías 4:8)
Dios es todopoderoso; **omnipotente**	(Mateo 19:26)
Jesús clamó Elí, Elí (El nombre de Dios)	(Mateo 27:46-48)
Jesús clamó: Eloi, Eloi	(Marcos 15:34-37)
Dios todo lo sabe; omnisciente	(Hechos 15:18)
Form	(Filipenses 2:6)
Es una persona	(Hebreos 1:3)

LOS ATRIBUTOS DE DIOS

Somos a su imagen (1 Juan 3:2)
** Creed en Dios y creed que él existe; "crea, tiene todo poder, conocimiento, comprensión" (Mosiah 4:9) (Alma 12:15)
Gloria, fuerza, justicia, misericordia, poder, dominio
Dios es un personaje de carne y hueso (DyC 130:22)

AUTORIDAD

VEASE TAMBIEN SACERDOCIO E IMPOSICION DE MANOS

Preguntas Comunes: ¿Porque necesitamos la autoridad de Dios?; ¿Puedo interpretar la Biblia por mi mismo?; ¿Porque medio revela el Señor su voluntad a su gente?

Predicación **no por precio** (Isaías 45:13)
El Señor llama a pescadores y cazadores de hombres (Jeremías 16:15-16)
"El que no entra por la puerta en el redil de las ovejas, sino que sube por otra parte, ése es ladrón y salteador" (Juan 10:1-3)
Autoridad para predicar (Romanos 10:15)
"Y nadie **toma para sí** esta honra, sino el que es llamado de Dios, como lo fue Aarón" (Hebreos 5:4-10)
Ninguna profecía de la Escritura es de interpretación privada (2 Pedro 1:20-21)
Deben ser bautizados por la debida autoridad (D&C 22)

AUTORIDAD

Línea de autoridad por revelación (D&C 28)

"No nos consideramos obligados a recibir ninguna revelación proveniente de hombre o mujer sin que éstos hayan sido legalmente constituidos y ordenados a esa autoridad, y hayan dado suficientes pruebas de ello" (Enseñanzas del Profeta José Smith p.143- citada de la Historia de la Iglesia, 1.p.338)

EL AYUNO

Preguntas Comunes: ¿Cómo ayunamos?; ¿Ayunaban antiguamente?; ¿Por qué ayunamos?

Moisés ayuna *40 días*	(Exodo 34:28)
Elías ayuna *40 días*	(1 Reyes 19:8)
*Ezra y otros ayunan y después ven a Dios	(Ezra 8:23)
Ezra no tiene **ni pan ni agua**	(Ezra 10:6)
Los judíos ayunan durante *3 días*	(Ester 4:16)
*Uno debe ayunar e incluir la *oración*	(Daniel 9:3)
Jesús ayuna durante *40 días*	(Mateo 4:2)
No mostréis a otros que estáis ayunando	(Mateo 6:18; 3Nefi 13:16)
Can gana un testimonio por medio de la oración y el ayuno	(Mateo 17:20-21)
Debemos incluir la oración en el ayuno	(Marcos 9:29)

BAILE

BAILE

Preguntas Comunes: ¿Es malo el baile?

Los bailes de Mirian, la hermana de Aarón	(Éxodo 15:20)
"Salía a recibirle con **panderos y danzas**"	(Jueces 11:34)
David baila	(2 Samuel 6:14)
Tiempo para bailar	(Eclesiastés 3:4)
Escuchar música y bailar- PARÁBOLA DEL HIJO PRODIGO	(Lucas 15:25)
Reunirse para cantar y bailar	(Mosiah 20:1)
Alaba al Señor con baile y oración	(DyC 136:28)

BAUTISMO

Preguntas Comunes: La manera y la necesidad del bautismo nos lleva a preguntas de mucho interés- la inmersión total; recompensa por el bautismo; si es un mandamiento; porque; cuando; como; se bautizaban en la época del antiguo testamento; porqué se necesita la debida autoridad; bautismo de los niños; etc.

Bautismo. Deriva de una palabra griega que significa "meter en un líquido" o "sumergir"	(Bible Diccionary, p 23)
Jesús no aceptaba el bautismo fariseo	(JST Mateo 9:18-21)
Bautizar como Cristo lo fue	(Marcos 10:38-39)
Creer, Bautismo = Salvación, no creyere será condenado	(Marcos 16:15-16)
Nicodemo, bautismo = vida eterna	(Juan 3:1-10)
Arrepentimiento>Bautismo>Espíritu	(Hechos 2:38)

BAUTISMO

Necesidad de ser miembro para ser salvo	(Hechos 2:47)
Mandamiento	(Hechos 10:48)
Re-bautismo porque el primero no tuvo la autorida	(Hechos 19:1-6)
El bautismo de Moisés	(1 Corintios 10:1-2)
Un Señor, una fe, un bautismo	(Efesios 4:4-6)
No demores tu arrepentimiento y bautismo	(Alma 34:31-36)
Jesús fue bautizado para mostrar el ejemplo	(2 Nefi 31:4-7)
Inmersión, bautismo = celestial	(3 Nefi 11:38)
Si no está realizado por la debida autoridad, necesita hacerse otra vez	(DyC 22:7)
Adán fue bautizado	(Moisés 6:64-68)

¿CUANDO?

Escucharlo y hazerlo	(Mateo 7:24-27)
NO NECESITA SABER TODO, un eunuco cree y es bautizado	(Hechos 8:36-38)
Un carcelero fue bautizado esa misma noche	(Hechos 16:30-33)
Ahora no necesitan ser instruidos para ser bautizados	(2 Nefi 9:28)
No podía bautizar, no tenia la debida autoridad	(Mosiah 21:33)
Arrepentimiento>bautismo o fuego eterno	(Mosiah 26:22-29)
El Bautismo HOY	(Alma 7:15)
No temáis en hacer el bien	(DyC 6:33)
Bautícese ahora, antes que muera	(DyC 45:2-3)

¿NIÑOS?

BAUTISMO

Los niños no tienen los pecados de sus padres, **el pecado original**	(Deuteronomio 24:16; 2 Crónicas 25:4)
Los niños son puros	(Ezequiel 18:19-20)
Los niños heredan el Reino de Dios	(Mateo 18:3-4)
Los niños pequeños **son el Reino de Dios**	(Marcos 10:14-16)
Los niños **son santos**	(1 Corintios 7:14)
Los niños son salvos por la Expiación	(Mosiah 3:16; Moisés 5:54)
Los niños pequeños no necesitan el bautismo	(Moroni 8)
Los niños deben ser bautizados a la edad de **ocho años**	(DyC 68:25-27)

"Todos los niños son redimidos por la sangre de Jesucristo, y en el momento que salen de este mundo son llevados al seno del [Paraíso] de Abraham"
(Enseñanzas del Profeta José Smith, p.145- cita de la Historia de la Iglesia, 4, p.554)

POR INMERSION

Salir del agua	(Mateo 3:16)
Jesús **"subió del agua"**	(Marcos 1:10)
"Mucho agua" por lo que no solo fue una pequeña cantidad de agua	(Juan 3:23)
*Inmersión	(Hechos 8:38-39)
Somos **enterrados con él en el bautismo** y levantados con él (simbolismo)	(Colosenses 2:8-14; Romanos 6:3-7)

BAUTISMO

BAUTISMO POR LOS MUERTOS (Y OBRA VICARIA

Preguntas Comunes: ¿En la Biblia bautizaban por los muertos?; ¿Porqué el bautismo por los muertos?; ¿Cuando empezó a llevarse a cabo esta ordenanza?

"No me dejes en el infierno"	(Salmos 16:9-10)
Los *Prisioneros* serán visitados	(Isaías 24:22)
Los muertos recibirán *el evangelio en sus tumbas*	(Juan 5:25-29)
¿Bautismo por los muertos?	(1 Corintios 15:29)
"Recibieron sus muertos... mediante resurrección... otros fueron atormentados, no aceptando el rescate, a fin de obtener mejor resurrección"	(Hebreos 11:35)
Jesús organiza la misión de los espíritus en la prisión espiritual	(1 Pedro 3:18-20, 4:6)
Continúese sin cesar	(DyC 127: 4)
Ordenanzas por los muertos	(DyC 128:6-8)

"Si hay una palabra del Señor que apoya la doctrina del bautismo por los muertos, es suficiente para que se establezca como doctrina verdadera."
(Enseñanzas del Profeta José Smith, p.16- cita de la Historia de la Iglesia, 4, p.569)

LA CAÍDA

Preguntas Comunes: ¿Qué es la caída?; ¿Simbolizó el echo de participar del árbol un pecado sexual?; ¿Qué significa realmente el nombre de Adán?

Adán esta sujeto a la muerte   (Génesis 2:15-17)

LA CAÍDA

El fruto NO ES UN SÍMBOLO DE UN ACTO SEXUAL, Eva comió primero	(Génesis 3:6)
El pecado (transgresión) entró en el mundo por causa de un hombre	(Romanos 5:12)
Adán no fue engañado sino que lo fue Eva, pero ellos se salvarán	(1 Timoteo 2:14-15)
Adán cayó para que el hombre tenga gozo	(2 Nefi 2:22-26)
Adán es el *príncipe* por encima de todos	(DyC 107:53-56)
"Bendito sea el nombre de Dios....*se han abierto* mis ojos"	(Moisés 5:1-10)
De no haber sido por la caída, no podríamos tener *vida eterna*	(Moisés 5:11-15)
El nombre de *Adán significa* el primer hombre y la primera mujer	(Moisés 6:9)

CASTIDAD

VER TAMBIEN HOMOSEXUALIDAD

Preguntas Comunes: ¿Qué es la Ley de Castidad?; ¿Cuales son las consecuencias de la desobediencia de esta ley?; ¿Debe una persona cuidar sus pensamientos también?

"No cometerás adulterio"	(Éxodo 20:14)
La violación es una abominación	(Deuteronomio 22:25)

CASTIDAD

Las mujeres inmorales llevan al infierno	(Proverbios 5:3-6)
Quitar la codicia del corazón	(Proverbios 6:23-29)
"Purificaos los que lleváis los utensilios de Jehová"	(Isaías 52:11)
Del corazón... **malos pensamientos**, los homicidios, los adulterios	(Mateo 15:19)
"Vence con el bien el mal"	(Romanos 12:21)
"No sabéis que sois templo de Dios"	(1Corintios 3:16-17; 6:18-19)
Fornicadores y adúlteros no heredarán el reino de Dios	(1Corintios 6:9)
No fornicar, "si... no tienen don de continencia, cásense...es mejor casarse que estarse quemando"	(1 Corintios 7:2,8-9)
Venganza sobre la fornicación y el afecto excesivo	(Colosenses 3:5-7)
Aquellos que cometan fornicaciones perecerán	(2 Nefi 26:32)
"Porque yo, el Señor Dios, me deleito en la castidad de las mujeres"	(Jacob 2:28)
Más **abominable**	(Alma 39:5)
Codiciar a una mujer = adulterio	(3Nefi 12:27-30)
"Y el que mirare a una mujer para codiciarla negará la fe, y no tendrá el Espíritu"	(DyC 42:23)
El que cometiere adulterio **puede arrepentirse**	(DyC 42:25)

CASTIDAD

No mirar a una mujer para codiciarla (DyC 63:15-16)

"Queremos hombres jóvenes que sean moralmente limpios en el campo misional. Queremos que vivan una vida limpia toda su vida. Queremos que una vida limpia sea su forma de vida."

"Sí, uno puede arrepentirse de la trasgresión moral. El milagro del perdón es real, y el arrepentimiento sincero es aceptado por Dios. Pero no complace al Señor anterior a la misión, o en ningún tiempo, llevar una vida de excesos, involucrarse en una vida de transgresión sexual de ninguna naturaleza, y entonces esperar una confesión planeada así como un rápido arrepentimiento y que esto satisfaga al Señor" -Presidente Ezra Taft Benson
(Ensign, Mayo de 1986, pp. 44-45).

CREACION

VER TAMBIEN JESUCRISTO, EL CREADOR
Preguntas Comunes: ¿Cómo se crearon las cosas?; ¿Cómo fueron creados los mundos?; ¿Quien es el Creador?

"En el principio creó Dios los cielos y la tierra"	(Génesis 1:1)
El hombre es a la imagen de Dios	(Génesis 1:26)
Tomó una costilla de Adán e hizo a Eva	(Génesis 2:22)
En seis periodos	(Éxodo 31:17)
Mundos sin número	(Moisés 1:33)
Todas las cosas eran espirituales antes que fueran naturales	(Moisés 3:5)

CRONOLOGIA DE LA IGLESIA SUD

Los dioses organizaron los cielos   (Abraham 4:1)

CRONOLOGIA DE LA IGLESIA SUD

Preguntas comunes: ¿Cuándo fue organizada la Iglesia?; ¿Cuándo fue restaurado el sacerdocio?; ¿Cuál es la cronología de la restauración del Libro de Mormón?; ¿Cuáles son las fechas de las primeras persecuciones de la Iglesia?; ¿Cuándo fueron sostenidos los presidentes de la Iglesia?; ¿Cuándo anunció Gordon B. Hinckley que se iban a construir templos pequeños?

Nacimiento de José Smith	23 Diciembre 1805
La Primera Visión	Primavera de 1820
José Smith ve a Moroni	21 Septiembre 1823
José Smith se casa con Emma Hale en South Bainbridge, NY	18 Enero 1827
José Smith adquiere las planchas de oro del cerro de Rumora	22 Septiembre 1827
Martin Harris pierde 116 páginas traducidas del Libro de Mormón	Junio 1828
Restauración del Sacerdocio de Aarón por medio de Juan el Bautista	15 Mayo 1829
Restauración del Sacerdocio de Melquisedec por medio de Pedro, Santiago y Juan	Mayo-Junio 1829
Finalización de la traducción del Libro de Mormón	Junio 1829

CRONOLOGIA DE LA IGLESIA SUD

Son publicadas las primeras 5,000 copias del Libro de Mormón por $3,000	26 Marzo 1830
Organización de la Iglesia	6 Abril 1830
Newel Knight es sanado; Primer milagro en la Iglesia	Abril 1830
Primera Conferencia General, solo 27 miembros	9 Junio 1830
Primer arresto de José Smith	Junio 1830
Son llamados los primeros Sumos Sacerdotes de la Iglesia	3-6 Junio 1831
Es revelada la tierra de Sión	Julio 1831
Visión de las los grados de Gloria (DyC 76)	16 Febrero 1832
Bautismo de Brigham Young	14 Abril 1832
Se publica el primer periódico de la Iglesia (The Evening Star)	Junio 1832
Brigham Young conoce a José Smith	8 Noviembre 1832
La escuela de los profetas	27 Diciembre 1832
Organización de la Primera Presidencia: José Smith, Sydney Rigdon, Frederick G. Williams	18 Marzo 1833
Una chusma planea expulsar del Condado a los santos	Abril 1833
Comienzo de la construcción del templo de Kirtland	5 Junio 1833

CRONOLOGIA DE LA IGLESIA SUD

José Smith completa la traducción de la Biblia	2 Julio 1833
Edward Partridge y Charles Allen son cubiertos con alquitrán y plumas	20 Julio 1833
El gobernador Lilburn W. Boggs ordena a la milicia que ataque a los santos	5 Noviembre 1833
Los santos son expulsados del condado de Jackson, Missouri por causa de las chusmas	Noviembre 6-7 1833
José Smith Júnior da las primeras bendiciones patriarcales en la Iglesia; José Smith Senior es llamado por José Smith Júnior, su hijo, como el primer Patriarca de la Iglesia	18 Diciembre 1833
Organización del primer Sumo Consejo; también organización de la primera estaca en Kirtland, Ohio	17 Febrero 1834
Organización del campamento de Sión	1 Mayo 1834
La Iglesia es oficialmente llamada La Iglesia de Jesucristo de los Santos de los Últimos Días	3 Mayo 1834
Los Tres Testigos escogen el Quórum de los Doce Apóstoles	14 Febrero 1835
Organización del primer Quórum de los Setenta	28 Febrero 1835

CRONOLOGIA DE LA IGLESIA SUD

Se empieza a traducir el libro de Abraham	Verano de 1835
La Iglesia acepta Doctrina y Convenios como revelación divina	17 Agosto 1835
Dedicación del templo de Kirtland	27 Marzo 1836
El condado de Clay, en Missouri expulsa a los santos	29 Junio 1836
Los Santos se mudan al condado de Caldwell	Otoño de 1836
Far West, se colocan las piedras angulares del templo de Missouri	4 Julio 1838
Los Santos que quedaban en Kirtland, Ohio salen de la ciudad	6 Julio 1838
Se revela la Ley del Diezmo	8 Julio 1838
El gobernador L.W. Boggs hace uso de la milicia y tres miembros son muertos: El capitán David W. Patten, Patrick O' Banion, y Gideon Carter	25 Octubre 1838
El gobernador L.W. Boggs ordena la expulsión o la exterminación de los mormones del estado	26 Octubre 1838
La masacre de Hauns Mill-17 santos mueren	30 Octubre 1838
La milicia se hace con José Smith y otros mientras que estaban en Far West	31 Octubre 1838

CRONOLOGIA DE LA IGLESIA SUD

José Smith es sentenciado a ser ejecutado en la plaza pública, el general A. W. Doniphan desobedece al general Lucas diciendo que es un asesinato a sangre fría	1 Noviembre 1838
José Smith es apresado	Noviembre 1838-Abril 1839
Los Santos escapan de Missouri a través de nieve y barrizales, llegan a Quincy, Illinois	Enero-Febrero 1839
José Smith compra la tierra para la ciudad de Nauvoo	1 Mayo 1839
Sanidades en masa por medio del poder del Sacerdocio en Nauvoo	22 Julio 1839
José Smith revela a la Iglesia la doctrina del bautismo por los muertos	10 Agosto 1840
Se colocan las piedras angulares del templo de Nauvoo	6 Abril 1841
Los primeros bautismos por los muertos son hechos en el templo de Nauvoo	21 Noviembre 1841
Orson Hyde dedica Palestina para el recogimiento de los judíos	24 Octubre 1841
Se publican los artículos de fe	Marzo 1842
La organización de la Sociedad de Socorro, Nauvoo	17 Marzo 1842

CRONOLOGIA DE LA IGLESIA SUD

José Smith profetiza acerca de la Iglesia siendo conducida a las Montanas Rocosas, pero que muchos apostatarían	6 Agosto 1842
Se da la doctrina del Matrimonio Celestial a la Iglesia	12 Julio 1843
José Smith se presenta como candidato a la presidencia de los Estados Unidos	29 Enero 1844
José Smith y otros son arrestados y probados en Nauvoo	12 Junio 1844
José Smith y Hyrum Smith son llevados a la cárcel de Carthage	24 Junio 1844
Una chusma dispara y mata a José y Hyrum Smith en Carthage	27 Junio 1844
Brigham Young y el resto del Quórum de los Doce son sostenidos como líderes de la Iglesia	Otoño 1845
Los Santos hacen planes para salir de Illinois	
Los primeros Santos se encaminan hacia el oeste	4 Febrero 1845
Brigham Young se encamina hacia el oeste	15 Febrero 1845
Dedicación del templo de Nauvoo	1 Mayo 1846

CRONOLOGIA DE LA IGLESIA SUD

El Batallón Mormón sale para servir en el ejército de los Estados Unidos	20 Julio 1846
Los últimos santos huyen de Nauvoo mientras que el templo es profanado	17 Septiembre 1846
Orson Pratt y Erastus Show llegan al valle de Salt Lake	21 Julio 1847
Brigham Young dice, "Este es el lugar" al llegar al valle de Salt Lake	24 Julio 1847
Brigham Young revela el sitio para el templo de Salt Lake	28 Julio 1847
Brigham Young es sostenido como presidente de la Iglesia	5 Diciembre 1847
También es sostenido en una conferencia de la Iglesia	27 Diciembre 1847
El milagro de las gaviotas que salvan las cosechas de los grillos	Junio 1848
Organización del territorio de UTAH, Brigham Young es el gobernador	Septiembre 1850
El Libro de Mormón es traducido en un segundo idioma: Danés	1851
Son presentados los principios del matrimonio plural ante toda la Iglesia, aunque José Smith los había revelado previamente en privado en Nauvoo	28-29 Agosto 1852

CRONOLOGIA DE LA IGLESIA SUD

Se colocan las piedras angulares del templo de Salt Lake	6 Abril 1853
Brigham Young es el primero usando el telégrafo desde Salt Lake	18 Octubre 1861
Primera conferencia llevada a cabo en el Tabernáculo de Salt Lake	18 Octubre 1861
Se completa la vía de tren a Salt Lake	10 Mayo 1869
Se organizan la Mujeres Jóvenes	28 Noviembre 1869
Se organizan los Hombres Jóvenes	10 Junio 1875
Comienzo de la Universidad de Brigham Young	16 Octubre 1875
Organización de la Primaria	25 Agosto 1878
John Taylor es sostenido como Presidente de la Iglesia	10 Octubre 1880
Wilford Woodruff es sostenido como Presidente de la Iglesia	Abril 1889
El Manifiesto, se cesa de practicar el matrimonio plural oficialmente	6 Octubre 1889
Dedicación del templo de Salt Lake	6 Abril 1893
Organización de la Sociedad Genealógica	13 Noviembre 1894
Utah llega a ser un estado	4 Enero 1896

CRONOLOGIA DE LA IGLESIA SUD

Lorenzo Snow es sostenido como presidente de la Iglesia	13 Septiembre 1898
José F. Smith es sostenido como presidente de la Iglesia	17 Octubre 1901
Heber J. Grant es sostenido como presidente de la Iglesia	23 Noviembre 1918
Comienzo del programa de bienestar de la Iglesia	Abril 1936
George Albert Smith es sostenido como presidente de la Iglesia	21 Mayo 1945
David O. McKay es sostenido como presidente de la Iglesia	9 Abril 1951
Premio Grammy ofrecido al coro del tabernáculo por el "Himno de la Batalla de la República"	Noviembre 1959
Comienzo de la Noche de Hogar	Enero 1965
Joseph Fielding Smith es sostenido como presidente de la Iglesia	23 Enero 1970
Harold B. Lee es sostenido como presidente de la Iglesia	7 Julio 1972
Spencer W. Kimball es sostenido como presidente de la Iglesia	30 Diciembre 1973
Edificio de las Oficinas de la Iglesia dedicado	24 Julio 1975
Se añade DyC 137 y 138	3 Abril 1976

CRONOLOGIA DE LA IGLESIA SUD

Comienza el bloque de reuniones de tres horas los domingos	2 Marzo 1980
Se publica el nuevo formato de la combinación triple	26 Septiembre 1981
500 satélites se colocan en varias capillas en EE.UU y Canada	3 Octubre 1981
Se añade un subtitulo al Libro de Mormon "Otro Testamento de Jesucristo"	3 Octubre 1982
150 años después de la primera estaca organizada, fue organizada la estaca número 1,500 en la ciudad de Obregón, México, Yaqui	28 Octubre 1984
Se distribuye un nuevo himnario	2 Agosto 1985
Ezra T. Benson es sostenido como Presidente de la Iglesia	10 Noviembre 1985
El falsificador Mark Hofman fue declarado culpable de la muerte de dos personas en Salt Lake City (Octubre 1985) y por robar varios documentos de la Iglesia	23 Enero 1987
La Iglesia recibe un premio Emmy de la Academia Nacional de Televisión de Arte y Ciencias	25 Agosto 1987
La Iglesia ha llegado a 100 millones de investiduras vicarias	Agosto 1988

CRONOLOGIA DE LA IGLESIA SUD

El Nuevo Centro de BYU Jerusalén	16 Mayo 1989
Organización del Segundo Quorum de los Setenta- llamamiento de 5 años	1 Abril 1989
Declaración en contra de matrimonios del mismo sexo dada por la Primera Presidencia	1 Febrero 1993
El primer piloto miembro de la Iglesia visitando el espacio, Richard A. Searfoss, aterriza el Columbia después de catorce días en el espacio	1 Noviembre 1993
Howard W. Hunter es sostenido como Presidente de la Iglesia	5 Junio 1994
Gordon B. Hinckley es apartado como Presidente de la Iglesia	12 Marzo 1995
Gordon B. Hinckley anuncia la construcción de nuevos templos pequeños	4 Octubre 1997
La reconstrucción del Templo de Nauvoo es anunciada	4 Abril 1999
Thomas S. Monson anuncia la edad nueva para salir como un misionero regular: 18 para hombres y 19 para mujeres	6 de Octubre 2012

(Muchas de las citas han sido tomadas de *Principios del Evangelio*, pp.289-300 y 1995-1996 *Church Almanac*, pp.14, 362-409)

CRONOLOGIA DE LA TIERRA

CRONOLOGIA DE LA TIERRA

Preguntas Comunes: ¿Cuando fue la Creación?; ¿Cuando vivieron Adán y Eva?, ¿Cuando fue la Apostasía?, ¿Que son los siete sellos mencionados por Juan el Revelador?

Muchas de las citas son tomadas del *Bible Dictionary* páginas 635-645

QUE	CUANDO
Existencia de inteligencias	Eternidad
Nacidos espiritualmente	Vida pre-mortal
Guerra en los cielos	Tiempo indeterminado
Jardín de Edén; la tierra está en un estado Terrestre; sin muerte	Tiempo indeterminado
1er Sello: Caída de Adán; la tierra está en un estado Celestial	4000 AC
La religión Hinduista comienza	Alrededor de 4000-2500 AC
2nd SELLO: Enoc	3000 AC
Noé: El Diluvio	2400 AC
La torre de Babel: **Jaredítas**	2200 AC
Melquisedec	2100 AC
3rd SELLO: El nacimiento de Abraham	1996 AC
El nacimiento de Isaac	1896 AC
El nacimiento de Jacob (Israel)	1836 AC
El nacimiento de José	1745 AC
José es vendido a Egipto	1728 AC
El nacimiento de Moisés	1571 AC
El éxodo de Israel	1491 AC
Saúl es Rey	1095 AC
David ungido por Samuel	1063 AC

CRONOLOGIA DE LA TIERRA

David es Rey	1055 AC
Salomón es Rey	1015 AC
4rt SELLO: División de Israel; la pérdida de 10 tribus	975 AC
Jehoshapha	914 AC
Elisha y Obadiah	851 AC
Joel	856 AC
Oseas	826 AC
Jonas	826 AC
Amós	811 AC
Isaías	758 AC
El rey Hezehiah	726 AC
Micah	721 AC
Nahum	642 AC
Zefanias	640 AC
Jeremías	628 AC
Obadiah	609 AC
La religión Budista comienza por Siddhatta Gautama	Alrededor de 600 AC
Habakkuk	598 AC
Ezequiel	598 AC
El rey Zedequías	587 AC
La captura de Jerusalén	587 AC
La religión de Shinto comienza en Japón	Después de 500 AC
Nehemías	444 AC
Malaquías	432 AC
Herodes toma Jerusalén	37 AC
Nacimiento de Jesucristo	Alrededor de 1 DC
5th SELLO: Sacrificio de Cristo	Alrededor de 34 DC
Resurrección de Cristo y comienzo de la mañana de la 1er resurrección	Alrededor de 34 DC

CRONOLOGIA DE LA TIERRA

Pablo es convertido	35 DC
Santiago muere	44 DC
Pablo se va a una misión	45 DC
1,2 Tesalonicenses	50 DC
1,2 Corintios, Gálatas, Romanos	55 DC
Tito, 1,2 Timoteo	64 DC
Pedro y Pablo son martirizados	65 DC
Jesurálen es capturada	70 DC
La gran apostasía comienza	Fecha definida desconocida
Se forma la Iglesia Católica	300 DC
El Taoísmo comienza en China por Lao-Tse	400 DC
La religión Islámica es formada por Muhammad	570 DC
6th SELLO (sábado): La Reformación comienza:	
Los ortodoxos del Este	Alrededor de 1054 DC
La Iglesia de Inglaterra	Alrededor de 1500 DC
Luteranismo comienza en Alemania	1517 DC
La religión Sikhism es formada por Guru Nanak	1521 DC
La Iglesia Evangélica Reformada comienza	1523 DC
Reformación Presbiteriana en Gran Bretaña; John Knox y Thomas Cartwright	1560 DC
La Iglesia Protestante Episcopal se forma	1607 DC
La reformación Bautista: Ámsterdam, Holanda	1609 DC

CRONOLOGIA DE LA TIERRA

La religión de los Cuáqueros; George Fox y William Penn	1648 DC
La religión metodista se forma por John y Charles Wesley en Londres	1744 DC
La Iglesia de los Adventistas del Séptimo Día se forma	1861 DC
Las Iglesias de Cristo en Estados Unidos comienzan	Alrededor de 1809 DC
LA RESTAURACIÓN DEL EVANGELIO SOBRE LA TIERRA; LA FORMACION DE LA ÚNICA IGLESIA VERDADERA Y VIVIENTE: LA IGLESIA DE JESUCRISTO DE LOS SANTOS DE LOS ÚLTIMOS DÍAS-VEASE CRONOLOGÍA DE LA IGLESIA SUD PARA MAS INFORMACIÓN SOBRE LA HISTORIA DE LA IGLESIA	1830 DC
La Armada de la salvación formada por William Booth	1865 DC
La Iglesia de los Testigos de Jehová por Charles Russell	1872 DC
Las Iglesias Científicas de Cristo por Mary Baker Eddy	1879 DC
El holocausto judío (Sho' ah) empezó	Comienzos de los años 1930
Formación de la Iglesia Unida de Cristo en EE.UU	1943 DC
Formación de la Iglesia de los Hermanos Evangelicos Unidos	1946 DC

CRONOLOGIA DE LA TIERRA

Mar Muerto será sanado	Antes de la Segunda Venida de Cristo
Judá vuelve	Antes de la Segunda Venida
Reconstrucción de Jerusalén	Antes de la Segunda Venida
Agua saliendo de debajo del templo	Antes de la Segunda Venida
Destrucción masiva	Antes de la Segunda Venida
Guerra de Armagedón: El valle de Megido se encuentra en la parte oriental de la planicie de Esdraelon, 50 millas al norte de Jerusalén (*Bible Dictionary*, p. 614). Ahí es donde la guerra se llevará a cabo (vease Apocalipsis 16:16-21).	Justo antes de que Cristo venga en las nubes
Segunda Venida de Jesucristo; destrucción de los inicuos; mañana de la primera resurrección	Muy pronto, pero el día no ha sido revelado a nadie
Milenio; la tierra recobrará su estado Terrenal; Satanás será atado	Últimos 1000 anos antes de la transformación Celestial de la tierra
Continuación de la mañana de la primera resurrección	Principio del milenio
Tarde de la primera resurrección (aquellos que resucitan a un estado terrenal)	Más tarde en el milenio

CRONOLOGIA DE LA TIERRA

La guerra entre Gog y Magog (Apocalipsis 20:7-9; DyC 88:111-116); se suelta a Satanás y después se ata eternamente y se manda a las tinieblas de afuera con los hijos de perdición; Segunda resurrección (aquellos que son resucitados a un estado celestial o a las tinieblas de afuera); **Juicio Final;** todos recibirán su justa recompensa. — Fin del Milenio

Aquellos que se mantengan fieles al Nuevo y Sempiterno Convenio del Matrimonio Eterno, progresarán eterna e infinitamente como dioses y diosas teniendo posteridad eterna y creando mundos de acuerdo con el Gran Plan del Dios Eterno. Ellos vivirán eternamente con Dios y Cristo en la gloria del Reino Celestial, y heredarán todo lo que Dios tiene.

Todas las personas que no resuciten a la Gloria Celestial no podrán progresar y solamente recibirán una porción de la gloria de Dios, pero nunca morarán con él y nunca tendrán posteridad. Aunque estos individuos que llegan a los reinos Telestial y Terrenal tendrán gozo en la gloria de Dios, estarán eternamente condenados en el sentido de que nunca llegarán a ser dioses, y permanecerán en su estado final para siempre, sin poder progresar. Aunque este estado final de los infieles es una condenación en ese sentido, no esta considerado como infierno. Hay dos clases de infierno de los que hablan los profetas:

1. El estado del pecador entre la muerte y la resurrección.

2. El estado final de las tinieblas de afuera de los Hijos de Perdición que ni siquiera reciben una porción de la gloria de Dios.

Lo expuesto arriba durará para siempre.

EL DÍA DE REPOSO

EL DÍA DE REPOSO

Preguntas Comunes: ¿Qué es el Día de Reposo?; ¿Cuándo es el Día de Reposo; ¿Por qué no es el Día de Reposo el sábado, el séptimo día de la semana?; ¿Cómo guardamos el Día de Reposo?; ¿Cuál es el propósito de tener un día de reposo?

EN EL PRIMER DÍA DE LA SEMANA, EL DOMINGO, NO EL SÁBADO

El Señor *muda los tiempos*	(Daniel 2:20-21)
Las **antiguas leyes del día de reposo debían cambiar**	(Oseas 2:11)
"Porque el Hijo del Hombre es Señor del día de reposo."	(Mateo 12:8)
*Jesús se levantó **el primer día de la semana**	(Mateo 18:1-18)
*En **8 días** los discípulos se reunieron otra vez por el día de reposo	(Juan 20:19, 26)
La congregación de los santos en el *primer día de la semana*	(1 Corintios 16:1-2)
"Las cosas viejas pasaron; he aquí todas son hechas nuevas."	(2Corintios 5:17; 2Nefi 25:14-15)
Perseguidos por **un nuevo día de reposo**	(Colosenses 2:16)
Otro día de descanso	(Hebreos 4:7-9)
"El *día del Señor*"	(Apocalipsis 1:10)

SANTIFICAR EL DÍA DE REPOSO

EL DÍA DE REPOSO

*El milagro de Israel en la preservación del maná para el día de reposo; por lo tanto pudieron reposar y no tuvieron que recoger el maná ese día	(Éxodo 16:14-16, 19-26, 30)
Ley de Moisés: pena de muerte decretada por la profanación del día de reposo	(Éxodo 31:14)
No comprar o vender	(Nehemías 13:15-18)
"No andando en tus propios caminos"	(Isaías 58:13)
Jerusalén sera castigada *al no guardar el día de reposo*	(Jeremías 17:21-27)
"Es licito *hacer el bien en los días de reposo"*	(Mateo 12:12)
"Es necesario obedecer a Dios antes que a los hombres"	(Hechos 5:29)
El primer día de la semana está para participar del *sacramento*	(Hechos 20:7)
Conserva sagrado el día de reposo	(DyC 59:9-19)

"17 de Octubre[1992] la Primera Presidencia emitió un documento urgiendo la observancia del día de reposo. El documento en parte dice, 'Sentimos que muchos santos de los últimos días se han vuelto negligentes en la observancia del día de reposo. Debemos refrenarnos de comprar en el día de reposo y de participar en otras actividades tanto deportivas como comerciales que ahora comúnmente profanan el día de reposo.'"
(1995-1996 *Church Almanac*, p.396)

Principios del Evangelio destaca lo siguiente:
Conservaremos la santidad el Día de Reposo al-

EL DÍA DE REPOSO

1. Asistir a las reuniones.
2. Leer las escrituras y las palabras de nuestros líderes de la Iglesia.
3. Visitar al enfermo, al anciano, y a nuestras personas queridas.
4. Escuchar música inspiradora y al cantar himnos
5. Orar a Nuestro Padre Celestial con adoración y gratitud.
6. Llevar a cabo el servicio en la Iglesia al que hemos sido asignados.
7. Preparar registro genealógico e historias familiares y personales.
8. Relatar historias de fe y compartir nuestro testimonio con nuestras familias, y también al compartir experiencias espirituales con ellos.
9. Escribir cartas a las personas queridas.
10. Ayunar con un propósito.
11. Pasar tiempo con los niños pequeños y con otros en el hogar.
(*Principios del Evangelio*, pp. 153-154)

DIEZMOS Y OFRENDAS

Preguntas Comunes: ¿Por qué requiere Dios Todopoderoso que paguemos diezmo?; ¿Dónde van estos fondos?; ¿Por qué unos pagan mucho y otros tan poco, relacionado con su salario?

Abraham paga diezmos a Melquisedec	(Génesis 14:18-20)
* Jacob paga una décima parte al Señor	(Génesis 28:20-22)
* Paga una décima parte de tus bienes	(Levítico 27:30-34)
*Da una décima parte al Señor	(Números 18:26)

DIEZMOS Y OFRENDAS

¿Robará el hombre a Dios?	(Malaquías 3:8-12; 3 Nefi 24:8-12)
Una viuda pobre pagó dos blancas, "todo el sustento que tenía."	(Lucas 21:1-4)
Un hombre guardó una parte de sus ofrendas y haciendo mintió al Señor	(Hechos 5:1-4)
Abraham pagó diezmos	(Hebreos 7:4-9)

EL DON DE LENGUAS

Pregunta Comunes: ¿Es ordenado de Dios el hablar con el don de lenguas sin proposito?; ¿Qué circunstancias es el don de lenguas permitido?; ¿Cuál es el proposito del don de lenguas?

Los discípulos de Efeso después recibieron el Espíritu Santo, ellos hablaron con lenguas	(Hechos 19:5-6)
A algunos se les es dado el don de lenguas	(1 Corintios 12:10)
Si un hombre habla lenguas, **deberá ser interpretado**. De otra manera, sus palabras son en vano	(1 Corintios 14:6-15,19)
Las lenguas son por señal	(1 Corintios 14:22)

"No sean tan curiosos sobre las lenguas; no hablen en lenguas a menos que haiga un intérprete presente... Todos los dones de Dios son útiles en su lugar, pero cuando son utilizados en aquello que no es el deseo de Dios, son como un injurio, son como una trampa y una maldición en vez de una bendición"

(*Enseñanzas del Profeta José Smith*, p.49- citado de la

LAS ESCRITURAS

Historia de la Iglesia,5,p.31).

LAS ESCRITURAS

Preguntas Comunes: ¿Cuán a menudo debemos leer las escrituras?; ¿Qué autoridad tienen las escrituras?; ¿Cuál es el propósito de leer las escrituras?

Leer diariamente	(Deuteronomio 17:19)
Nunca se apartará de tu boca este libro de la ley	(Josué 1:8)
"*Lámpara* es a mis pies tu palabra"	(Salmos 119:105)
"*Escudriñad* las escrituras:" tendréis "vida eterna;" y porque ellas "testifican de mí."	(Juan 5:39)
Es mas *noble* el escudriñar las escrituras	(Hechos 17:11)
Escritas para tener *esperanza*	(Romanos 15:4)
Las escrituras son "para *enseñar*, para redargüir, para corregir, para instruir en justicia"	(2 Corintios 3:16)
"Mi alma se deleita en las escrituras"	(2 Nefi 4:15-16)
Dirección en la vida	(2 Nefi 32:3)
Estudiaron y oraron para recibir el espíritu de revelación	(Alma 17:2-4)
Las escrituras ayudan a vencer a *Satanás*	(Helamán 3:29)
Cristo nos dice que *escudriñemos Isaías*	(3 Nefi 23:1-3)

LAS ESCRITURAS

Primero obtén mi palabra	(DyC 11:21)
Por lo tanto puedes *testificar* de que conoces a Cristo	(DyC 18:34-36)
La *Armadura de Dios*	(DyC 27:16-18)
Meditad las "palabras de vida"	(DyC 84:85)
Enseñaos unos a otros la doctrina	(DyC 88:77-80)

EL ESPÍRITU SANTO

Preguntas Comunes: ¿Qué es el Espíritu Santo?; ¿Cómo sentimos el Espíritu Santo?; ¿Cuál es la misión del Espíritu Santo?; ¿Estaba el Espíritu Santo en la tierra durante la vida mortal de Cristo?; ¿Cuáles son los frutos del Espíritu?

El Espíritu de Dios	(Genesis 41:38)
Debemos *reconocerlo*	(1 Samuel 3:3-10)
Una voz apacible y delicada	(1 Reyes 19:12)
Como por *fuego*	(Mateo 3:11; Lucas 3:16)
**El Espíritu Santo *volvió a la tierra* después que Cristo fue glorificado	(Juan 7:39)
Testifica de todas las cosas	(Juan 14:26)
Testifica de Cristo	(Juan 15:26; Éter 12:41)
"El Espíritu de verdad....os *guiará* a toda la verdad"	(Juan 16:13)
Por medio del Espíritu y **no por medio del conocimiento humano**	(1 Corintios 2:1-5,10-14)
"Nadie puede llamar a Jesús Señor, sino por el Espíritu Santo"	(1Corintios 12:3)
Frutos del Espíritu	(Gálatas 5:22-23)

EL ESPÍRITU SANTO

No por el *conocimiento del hombre*, sino espiritualmente	(Efesios 1:16-18)
Tercer miembro de la Trinidad	(1 Juan 5:7; DyC 20:28)
El *testimonio* de Dios es mayor	(1 Juan 5:7-9)
*Muestra nuestras *decisiones*	(2 Nefi 32:5; Job 32:8)
Ilumina las *respuestas* a las oraciones	(DyC 6:15)
Principio del Evangelio	(DyC 39:6)
Enseñad por medio del Espíritu	(DyC 50:13-24)
Oirá en su propia lengua y sentirá por medio el consolador	(DyC 90:11)
El Espíritu Santo es un espíritu y mora	(DyC 130:22)

LA DIFERENCIA ENTRE EL ESPÍRITU SANTO Y EL DON DEL ESPÍRITU SANTO

"Cornelio [en la Biblia] recibió el Espíritu Santo antes de ser bautizado, lo cual para él fué el poder de convicción de Dios acerca de la veracidad del Evangelio, pero no pudo recibir el don del Espíritu Santo sino hasta después de ser bautizado. Si no hubiera tomado sobre él esta ordenanza, el Espíritu Santo que le convenció de la verdad de Dios, le hubiera abandonado"

(*Enseñanzas de José Smith*, pp. 69-70 -citado de *History of the Church*, y, p.555).

LA EXALTACIÓN

Preguntas Comunes: ¿Piensan los mormones que son dioses?; ¿Qué es exaltación? ; ¿Qué son los tres grados de gloria? ; ¿Qué es el Matrimonio Celestial y por qué debemos casarnos?

LA EXALTACIÓN

HEREDEROS DE DIOS

Llegaremos a ser como dioses	(Génesis 3:5; Salmos 82:6)
"He visto dioses que suben de la tierra"	(1 Samuel 28:13)
Cristo fué apedreado por decir que era Dios, "Todos somos dioses"	(Juan 10:28-35)
Muchas mansiones en los cielos	(Juan 14:2)
"Herederos de Dios y coherederos con Cristo... glorificados juntamente"	(Romanos 8: 14-18)
El Espíritu nos testifica que somos hijos e hijas de Dios	(Romanos 8:16)
Jesús no se avergonzó de *ser igual a Dios*	(Filipenses 2:5-6)
Tendremos *un cuerpo como el de Cristo*	(Filipenses 3:21)
Podemos recibir una *corona* de vida	(Santiago 3:21)
Podemos ser semejantes a él	(1Juan 3:2)
Os sentaréis en un *trono* conmigo	(Apocalipsis 3:21; 5:12)
Podemos *ser dioses* después de la resurrección	(DyC 76:50, 58)
Seréis *dioses*	(DyC 132:19-23)
Jacob es un dios ahora	(DyC 132:36-37)

"Como el hombre es ahora, Dios fué una vez; Como Dios es ahora, el hombre llegará a ser."
-Lorenzo Snow

GLORIAS

LA EXALTACIÓN

3 glorias: La gloria celestial es como la gloria del sol, la gloria terrestre es como la gloria de la luna, la gloria telestial es como la gloria de las estrellas (JS-Traducción 1 Corintios 15:40-42)

Pablo conoció a un hombre que fue arrebatado al *tercer cielo* (3 grados) (2 Corintios 12:2)

Los *Tres grados* de gloria (DyC 76:30-119)

Debemos vivir para vivir en la *gloria celestial* (DyC 88:22)

MATRIMONIO CELESTIAL

El hombre no debe estar *solo* (Génesis 2:18)
"Carne de *mi carne*" (Génesis 2:23)
Pedro recibe las llaves para atar y desatar (Mateo 16:16-19)
Son *una sola carne*, lo que Dios unió y el hombre no puede separar (Mateo 19:5-6)
En la resurrección, no se casan, no siendo que ya estén casados (Mateo 22:23-30; Marcos 12:19-27; Lucas 20:28-36)
El hombre y la mujer están *juntos en el Señor* (1 Corintios 11:11-12)
"*Coherederas* de la gracia de la vida" (1 Pedro 3:7)
La importancia del **convenio sempiterno del matrimonio** para recibir la vida eterna (DyC 131:1-4)

SED PERFECTOS

LA EXALTACIÓN

Sed perfectos *como Dios* el Padre	(Mateo 5:48)
Sed perfectos así como el Cristo resucitado-NOTA: Después de que Jesús sufriera y expiara nuestros pecados, el fué eternamente perfecto así como el Padre lo es. Antes de la expiación Jesús era perfecto mortalmente, pero no eternamente perfecto.	(3 Nefi 12:48)

LO SIGUIENTE ES UNA LISTA DE REQUISITOS PARA LA EXALTACIÓN DADA EN PRINCIPIOS DEL EVANGELIO:

Existen determinadas ordenanzas que debemos recibir para ser exaltados:

1. Debemos ser bautizados y confirmados miembros de la Iglesia de Jesucristo.
2. Debemos recibir el Espíritu Santo.
3. Debemos recibir la investidura del templo.
4. Debemos casarnos por el tiempo y por toda la eternidad.

Por añadidura a las ordenanzas requeridas, existen muchas leyes que debemos obedecer para ser dignos de la exaltación.

Debemos:

1. Amar y adorar a Dios.
2. Tener fe en Jesucristo.
3. Vivir la ley de castidad.
4. Arrepentirnos de los hechos incorrectos.
5. Pagar diezmos y ofrendas honrados.
6. Ser honrados en nuestros tratos con otros y con el Señor.
7. Decir siempre la verdad.
8. Obedecer la Palabra de Sabiduría.

LA EXALTACIÓN

9. Buscar a nuestros antepasados y llevar a cabo las ordenanzas salvadoras del evangelio por ellos.
10. Santificar el día de reposo.
11. Atender a las reuniones de las Iglesia tan a menudo como sea posible para renovar nuestros convenios bautismales.
12. Amar y fortalecer los miembros de nuestra familia en los caminos del Señor.
13. Tener oraciones familiares e individuales todos los días.
14. Honrar a nuestros padres.
15. Enseñar el Evangelio a otros tanto por palabra como por ejemplo.
16. Estudiar las escrituras.
17. Escuchar y obedecer las palabras de los profetas del Señor.
18. Desarrollar verdadera caridad en nuestras vidas.
(*Principios del Evangelio*, p. 291-292)

LA EXPIACIÓN

Preguntas Comunes: ¿Por quien sufrió?; ¿Por qué dolores humanos sufrió?; ¿Expió por el "Pecado Original"?; ¿Fue realmente perfecto?; ¿Sudó sangre?; etc.

"Yo nunca me olvidaré de ti... en las palmas de las manos te tengo esculpida"	(Isaías 49:15-16)
"Consumido es"	(Juan 19:30)
No hay otro nombre	(Hechos 4:10-12)
El que no escatimó ni a su propio Hijo	(Romanos 8:32)
Cristo se ofreció a hacerlo	(Hebreos 9:28)
La sangre de Jesucristo nos limpia	(1 Juan 1:7)
Por los pecados de todo el mundo	(1 Juan 2:2-5)

LA EXPIACIÓN

El nos amó a nosotros, y envió a su Hijo	(1Juan 4:10)
La visión de Nefi sobre la crucifixión	(1 Nefi 11:32-33)
Jesús sufrió mas que un ser humano	(Mosiah 3:7)
Dolores y enfermedades	(Alma 7:11)
Cristo sufrió solo por los pecados de aquellos que se arrepientan y se vuelvan justos	(Alma 11:41; 12:18)
Cristo ha hecho su parte y ha sufrido, ahora nosotros necesitamos hacer la nuestra y arrepentirnos	(2Nefi 9:20-23)
El dolor de todos los hombres	(DyC 18:11)
Dolor terrible y sangró por cada poro	(DyC 19:16-19)
Cristo no pecó, pero sufrió	(DyC 45:4)
Ha expiado la trasgresión original	(Moisés 6:54)

LA EVOLUCIÓN

Preguntas Comunes: ¿Cuál es el punto de vista de la Iglesia en cuanto a la teoría de la Evolución?; ¿Tienen los apóstoles diferentes puntos de vista sobre la validez de la evolución?

"Esta escrito que 'En el principio'-cuan atrás en el pasado fue ese principio el hombre no lo puede decir. ... las variaciones sin duda ocurrieron en los animales y las plantas ... el cruce selectivo pudo ser tan dirigido como para crear grandes cambios en el desarrollo" (*The Theory of Evolution*, p.3, italics added).
- James E.Talmage

"Las influencias que se desarrollarón de la cueva a la

LA EVOLUCIÓN

mansión, de la canoa del hueco de fuego al barco de metal y al Gran Este, de la mula a la locomotora y al coche eléctrico, del mensajero a pie a todas las gradaciones de banderas y señales de fuego al telegrama y al teléfono, de la antorcha de pino a la lampara ecléctica- eso es evolución. El desarrollo se muestra en cada paso. Hay un diseño; debe haber habido la necesidad de un diseñador.

"Pero la evolución que mira el trabajo y niega la prueba del artesano; que tiene la mirada fija en el inspirador lienzo, y dice que no ha habido un artista; que mora en la protección y comodidad de un edificio bello y asegura que nunca ha habido un arquitecto; que escanea la cara del tiempo del universo y dice, 'todo esto es una casualidad'- todo esto es evolución falsa, ilógica, no científica, incierta" (Ibid, p. 16-17, italics added)
-James E. Talmage

"Todos estamos de acuerdo con las Doctrinas básicas de la Iglesia. Nuestra misión consiste en llevar el mensaje del evangelio restaurado al mundo. Dejemos la geología, la biología, la arqueología, y la antropología, ninguna de las cuales tiene que ver con la salvación de las almas de los hombres, para la investigación científica, mientras magnificamos nuestro llamamiento en el reino de la Iglesia...

"Todos deberíamos estar de acuerdo en una cosa, que los Presidentes José Smith, John R. Winder, y Anthon H. Lund estaban en lo cierto al decir: '*Adán es el padre primitivo de nuestra raza*'
(Minutos de la Primera Presidencia, 7 Abril, 1931; Tomado de *Encyclopedia of Mormonism vol. 2*, p. 478)

FE

Preguntas comunes: ¿Por qué necesito tener fe?; ¿Cuánta fe debe tener una persona?; ¿Cómo demuestra una persona su fe?; ¿Se queda la fe muerta sin obras? Necesito recibir una señal antes de tener fe.

FE

La prueba de fe de Abraham de sacrificar a su hijo, Isaac	(Génesis 22:1-14)
La fe de Job	(Job 13:15-16; 19:25-29; 23:10)
La fe de Abraham nos es dada a modo de ejemplo	(Romanos 4:13-22)
Andemos por fe **no por vista**	(2 Corintios 5:7)
*Es la certeza de *lo que no se ve*	(Hebreos 11:1)
Sin fe es imposible estar con Dios	(Hebreos 11:6)
Nefi es librado por fe; Dios hará todas las cosas si tenemos fe	(1 Nefi 7: 12, 16-19)
La fe efectuará milagros para otros	(Mosíah 8:18)
Como **nutrir** nuestra fe	(Alma 32)
Fe no es tener un *conocimiento perfecto* de las cosas	(Alma 32:21; Éter 12:6)
Necesitamos *creer en ángeles* y en milagros	(Moroni 7:33-38)
El Hermano de Jared ve al Señor por su fe	(Éter 3:4-6, 9-13, 19)
Tened fe y sed firmes en la gloria de Dios	(Éter 12:4)
Fe es las cosas que se esperan y no se ven	(Éter 12:6)

POR OBRAS

Seremos recompensados por nuestras obras	(Mateo 16:27)
AUN LOS DIABLOS SABEN QUE Jesús es el Cristo	(Lucas 4:41; Santiago 2:19)

FE

Me llamáis Señor, Señor, y no hacéis lo que yo digo	(Lucas 6:46-49)
Debemos ser hacedores y no sólo oidores	(Santiago 1:22-25)
Vuestras obras mostrarán vuestra fe	(Santiago 2: 14-26)
Podemos hacer cualquier cosa por medio de la fe	(Moroni 7:33)

DUDAS

FE EN EL SEÑOR, no te apoyes en tu propio entendimiento	(Proverbios 3:5-6)
Tened fe, y no dudéis	(Mateo 21:21)
Ni estéis en ansiosa inquietud	(Lucas 12:29)
Recibid al débil en la fe pero no para *contender* sobre opiniones	(Romanos 14:1)
Tened fe, porque *dudar* es nada	(Santiago 1:6-8)
Las madres enseñaron a sus *hijos* a no dudar	(Alma 56:47-48)
Declarad estas cosas con la certeza de que creéis	(DyC 80:4)

BUSCADORES DE SEÑALES

No pidáis señales	(Isaías 7:11-12)
Buscadores de señales	(Mateo 15:39-16:4)
Lázaro esta en le seno de Abraham; pero otros no lo creerían ni después de un milagro	(Lucas 16:19-31)
Los milagros **no convierten**	(Juan 12:37)

FE

Korihor y Alma debaten; la fe viene antes que las señales	(Alma 30)
No pidáis una señal para satisfacer vuestras pasiones	(DyC 46:9)
La fe no viene por las señales	(DyC 63:9-10)

FE + OBEDIENCIA

"*Escoged* hoy a quien servir"	(Josué 24:15; Alma 30:8)
Los siervos deben estar *preparados* o serán puestos aparte con los desobedientes cuando Cristo venga	(TJS Lucas 12:41-57; versión regular-12:45-46)
Los *diablos* también creen pero no obedecen	(Santiago 2:19)
Obedeced *cada una de las palabras* de Dios	(DyC 84:44)

"Fe viene al oír la palabra de Dios por medio del testimonio de los siervos de Dios; ese testimonio siempre es asistido por el espíritu de profecía y revelación."
(Enseñanzas del Profeta José Smith, p.38-citado de *History of the Church*, 3, p.379)

GUERRAS, MUERTES- ¿POR QUE?

Preguntas Comunes: ¿Por qué Dios permite las guerras?; ¿Cuál es el propósito de las guerras?; ¿Debemos hacer el servicio militar en nuestro países?; ¿Cuáles son las causas de la guerra?; ¿Por qué hay gente inocente matada por asesinos?

La guerra vino por la codicia y el orgullo	(Santiago 4:1-3)

GUERRAS, MUERTES- POR QUE?

* Los inocentes son esclavos, pero son un testimonio contra los débiles	(Mosiah 17:10)
* Los **justos fueron quemados**, pero ellos fueron llevados con Dios	(Alma 14:10:11)
* Guerras, asesinatos, y destrucción, los justos son guardados	(Alma 50:19-22)
Los justos son esclavos, pero los débiles son condenados. Los justos entran en el descanso de Dios	(Alma 60:12-14)
Rumores y contenciones debido a la dureza de sus corazones	(Helamán 16:17-22)
Las pruebas de José Smith le dieron experiencia para su propio bien	(DyC 122)
Guerras y derramamiento de sangre vinieron de Satanás	(Moisés 6:15)

"Pero 'he aquí' como dijo Moroni, los justos de entre ellos que sirven y son asesinados 'entran en el descanso del Señor su Dios,' y a ellos el Señor ha dicho 'aquellos que mueren en mí no probarán la muerte, porque será dulce para ellos' (DyC 42:26). Su salvación y exaltación en el mundo venidero será segura. A pesar de que en su trabajo de destrucción matarán a sus hermanos no se les tendrá en cuenta. Eso es pecado, como Moroni dijo, es condenación para aquellos que 'se sientan en sus sitios de poder con un estupor de pensamiento,' estos gobernantes en el mundo que con ira y codicia por poder injusto y dominio sobre sus hermanos, han puesto en acción fuerzas eternas, que no comprenden y no pueden controlar. Dios, en su propio y debido tiempo, les pasará sentencia"

GUERRAS, MUERTES- POR QUE?

(Message of the First Presidency, April, 1942, *Principios del Evangelio*, 253-254)

HOMOSEXUALIDAD

Preguntas Comunes: ¿Cuál es la postura de la Iglesia acerca de la homosexualidad?; ¿Cómo debemos tratar a aquellos que tienen estas tendencias?; ¿Cuáles son las consecuencias para aquellos que rompen esta parte de la Ley de Castidad?; ¿Fué profetizada la homosexualidad en la Biblia?

"Varón y hembra los creó"	(Génesis 1:27)
Es una abominación para un hombre el acostarse con un hombre, y para una mujer con una bestia	(Levítico 20:13, 16)
"Los hombres, dejando el uso natural de la mujer, se encendieron en su lascivia unos con otros"	(Romanos 1:27)
"*Abusadores* de sí mismos y de los hombres" no recibirán el reino de Dios	(1 Corintios 6:9)
"*Sodoma* y Gomorra...ido en pos de vicios contra naturaleza"	(Judas 1:7)

"La masturbación no está perdonada pero no es considerada como homosexualidad"
(*Encyclopedia of Mormonism* vol.2, p.656)

"Personas que persisten en cometer actos que violan las leyes divinas están sujetos a los CONSEJOS DISCIPLINARIOS de la Iglesia para ayudarles a entender el daño que están causando a su naturaleza eterna... 'el matrimonio no es una terapia doctrinal para las relaciones homosexuales (Oaks p.10)."
(*Encyclopedia of Mormonism* vol.2, p.656)

HOMOSEXUALIDAD

"La gente quiere saber acerca nuestra posición en cuanto a aquellos que se consideran a sí mismos gays y lesbianas. Mi respuesta es que los amamos como hijos e hijas de Dios... Si no actúan de acuerdo con esas inclinaciones, entonces pueden seguir adelante como los otros miembros de la Iglesia." Gordon B. Hinckley (*Ensign* Nov. 1998, p.71)

IDOLATRÍA
VEASE TAMBIÉN APOSTASÍA

Preguntas Comunes: ¿Qué es un ídolo?; ¿Podemos adorar imágenes y estatuas?; Si los mormones no adoran idolos entonces, ¿Por qué tienen imágenes y estatuas?

No *adorarás* ídolos	(Éxodo 20:3-5)
EJEMPLO DE UNA IMAGEN CORRECTA Los querubines de oro encima del Arca del Convenio son imágenes correctas tal como el arte SUD de nuestros días	(Éxodo 25: 18-22)
Quemareis *imágenes*	(Deuteronomio 7:4-5)
Elías contra los sacerdotes de *Baal* y sus ídolos	(1Reyes 18:25-27)
No *adorarás* ídolos	(2 Reyes 17:12)
*Los ídolos no hablan, oyen, o sienten por lo tanto no tienen ningún valor	(Salmos 115:2-9)
Quitaré los *ídolos*	(Zacarías 13:2)
No adorar la madre de Jesús	(Lucas 11:27-28)

IDOLATRÍA

**LOS SANTOS SON MIEMBROS DE LA IGLESIA	(1 Corintios 1:1-2; *Deuteronomio 33:1-3; 1 Corintios 14:33)
No adorarás ídolos, sólo a *un Dios*	(1Corintios 8:3-7)
Cristo es el *mediador*, nadie más	(1 Timoteo 2:5)
Cuidaros de los ídolos	(1 Juan 5:21)
Un *AY* para la idolatría	(2 Nefi 9:37)
Creed en el poder de *Dios*, conocimiento	(Mosíah 4:9)
Muchos *adoraban* ídolos	(Alma 17:15-16)

LA IGLESIA VERDADERA DE CRISTO

Preguntas Comunes: ¿Cómo sabes cual Iglesia es verdadera?; ¿Cuáles son las características de la Iglesia verdadera?; ¿Cómo es el progreso de la Iglesia verdadera?; ¿Hay una Iglesia Verdadera?; ¿Hay sólo una Iglesia Verdadera?

NO TIENE DIVISIONES

El Señor añade a su Iglesia diariamente	(Hechos 2:47)
*La Iglesia de Cristo no tiene divisions	(Romanos 16:16-18)
* "**¿Está Cristo dividido?**	(1 Corintios 1:11-13)
Un evangelio; "Si un hombre te predica otro evangelio diferente al que has recibido, deja que sea castigado"	(Gálatas 1:9-14)
Muchas iglesias falsas	(2 Nefi 28:1-8)

LOS CIMIENTOS

LA IGLESIA VERDADERA DE CRISTO

* "Porque nadie puede poner otro fundamento que el que está puesto, el cual es Jesucristo" (1 Corintios 3:11-15; 5:23)

* Apóstoles y profetas son los cimientos (Efesios 4:11-15; 2:19-20; Apocalipsis 11:3,8-15)

Deben tener la autoridad de Dios; Sacerdocio (Hebreos 5:4-6; Romanos 10:15; Juan 15:16)

EL NOMBRE

Los miembros son llamados discípulos, santos, Cristianos (Hechos 11:26; 1 Pedro 4:16; 1 Corintios 1:2)

La Iglesia del Señor (Hechos 20:28)

Las Iglesias de Cristo (Romanos 16:16)

La Iglesia de Dios (1 Corintios 1:1,2)

La Iglesia de los Santos (1 Corintios 14:33)

DIECISIETE PUNTOS DE LA IGLESIA VERDADERA

1. Cristo organizó la Iglesia (Efesios 4:11-14)
2. La Iglesia verdadera debe llevar el nombre de Jesucristo (Efesios 5:23)
3. La Iglesia verdadera debe tener un cimiento de apóstoles y profetas (Efesios 2:19-20)
4. La Iglesia verdadera tiene que tener la misma organización que la Iglesia de Cristo (Efesios 4:11-14)
5. La Iglesia verdadera debe pedir autoridad divina (Hebreos 4:4-10)
6. La Iglesia verdadera no debe tener ministros pagados (Hechos 20:33-34; Juan 10:11-13)

LA IGLESIA VERDADERA DE CRISTO

7. La Iglesia verdadera debe bautizar por inmersión	(Mateo 3:13-16)
8. La Iglesia verdadera debe otorgar el don del Espíritu Santo por medio de la imposición de manos	(Hechos 8:14-17)
9. La Iglesia verdadera debe practicar sanidad divina	(Marcos 3:14-15)
10. La Iglesia verdadera debe enseñar que Dios y Jesucristo son individuos distintos y separados	(Juan 17:11; 20:17)
11. La Iglesia verdadera debe enseñar que Dios y Jesús tienen cuerpos de carne y hueso	(Lucas 23:36-39; Hechos 1:9-11; Hebreos 1:1-3)
12. Los oficiales deben ser llamados por Dios	(Hebreos 4:4; Éxodo 28:1; 40:13-16)
13. La Iglesia verdadera debe pedir revelación de Dios	(Amos 3:7)
14. La Iglesia verdadera debe ser una iglesia misionera	(Mateo 28:19-20)
15. La Iglesia verdadera debe ser un iglesia restaurada	(Hechos 3:19-20)
16. La Iglesia verdadera debe practicar el bautismo por los muertos	(1 Corintios 15:16, 29)
17. "Por sus frutos los conoceréis"	(Mateo 7:20)

LA IMPOSICIÓN DE MANOS

Preguntas Comunes: ¿Cómo una persona es ordenada?; ¿Cómo recibe una persona el Espíritu Santo?; ¿Cuál es el proposito de la imposición de manos?

LA IMPOSICIÓN DE MANOS

**Aarón es ungido y consagrado	(Éxodo 28:1-3,41)
Josué es llamado por la imposición de manos	(Números 27:18-23)
*Cristo ordena a los doce- Nota; no se afirma "imponiendo las manos", pero por supuesto el lo hizo	(Marcos 3:14-19)
El Espíritu Santo es dado por medio de la imposición de manos	(Hechos 8:14-17)
Pablo confiere el Espíritu Santo por la imposición de manos	(Hechos 9:17; 19:1-6)
*Por medio de la imposición de manos ellos ordenaron	(Hechos 13:1-3)
*Presbítero impone sus manos para ordenar	(1 Timoteo 4:14)
Hecho por medio de la imposición de manos	(2 Timoteo 1:1-6)
*La imposición de manos es DOCTRINA	(Hebreos 6:1-3)

INFIERNO

Preguntas Comunes; ¿Qué es infierno?; ¿Quién va al infierno?; ¿Es el Reino Telestial infierno?; Si ellos sufren un tormento eterno, entonces ¿Se acaba alguna vez el infierno?; ¿Resucitarán los débiles?; ¿Cómo es el infierno?; ¿Dónde esta el infierno?; ¿Quién, si hay alguien, estará en el infierno para siempre?

"No me dejarás en el infierno... (Salmos 16:9-10)
no sufrirás al ver corrupción"

INFIERNO

Ellos buscan entrar, pero no pueden porque él no los conoce	(Lucas 13:24-28)
El infierno distribuirá a los espíritus cautivos	(2 Nefi 9:10-12)
El infierno está entre la mortalidad y la resurrección	(Alma 40:11-14)
El castigo de Dios es *eterno* porque él es eterno; el infierno no es necesariamente eterno	(DyC 19:9-15)
El infierno entregará sus espíritus al reino *telestial*	(DyC 76:81-86)

HIJOS DE PERDICIÓN

El *derramamiento* de sangre inocente es como negar a Cristo [la sangre de Cristo es la única sangre inocente]	(Mateo 27:4)
Los Hijos de Perdición *crucifican* a Cristo de nuevo	(Hebreos 6:4-6)

Los Hijos de Perdición son los únicos que estarán en el infierno, o en las tinieblas de afuera, para siempre y no recibirán ningún grado de gloria. Uno debe, en cierto sentido, mirar al sol y negar su luz para ser un hijo de perdición.

JEHOVÁ = JESUCRISTO

Preguntas Comunes: ¿Son Jesucristo y Jehová diferentes seres?; ¿No es Jehová otro nombre para Dios?; ¿Hace eso que Jesús sea Dios?

Descripción de Cristo o Jehová	(Éxodo 24:9-10 con Apocalipsis 1:13-18)

JEHOVÁ = JESUCRISTO

Tanto el Padre como el Hijo son conocidos por el título de Señor	(Salmos 110:1)
SOLO HAY 4 SITIOS EN LA VERSIÓN DEL KING JAMES DE LA BIBLIA DONDE JEHOVÁ ESTA ESCRITO POR COMPLETO	(Isaías 12:2; Éxodo 6:3; Salmos 83:18, Isaías 26:4)
Eliakim es Cristo y también el Dios todo poderoso, Padre Eterno, el Príncipe de Paz	(Isaías 22:20-25; Isaías 9:6)
Con mi cuerpo muerto ellos resucitarán	(Isaías 26:19 con Mateo 27; 52-53)
[Jehová es **Rey, Juez y Salvador -Isaías 33:22, con Jesús como *Rey*- Juan 12:13, *Juez*-Juan 12:13, y *Salvador*-Mateo 1:21]	
Jehová/Jesús es el Salvador	(Isaías 43:11-12)
Jesucristo fué el *Creador*	(Isaías 58:13-14 con Juan 1:1, 3, 14)
Señor del día de Reposo	(Isaías 58:13-14; Marcos 2:38)
Sólo hay un Salvador que fué muerto por nuestros pecados	(Oseas 13:4 con Lucas 2:11)
Profecías: su costado fue agujereado y no un hueso roto	(Zacarías 12:10 con Juan 19:34, 36-37)
La PALABRA fue Dios, y la PALABRA fue en Cristo	(Juan 1:1-4,14)

JEHOVÁ = JESUCRISTO

Se hizo a semejanza con Dios	(Juan 5:18)
** "Antes que Abraham existiera, Yo soy" (Jehová-el gran Yo soy)	(Juan 8:56-59 con Isaías 48:16)
Jesús declara que él es el Hijo de Dios	(Juan 10:30-36)
**Jesús tenía la gloria con Dios el padre ANTES QUE EL MUNDO FUERA	(Juan 17:5)
Cristo fué matado por decir que era el Hijo de Dios	(Juan 19:7)
Cristo es **la Roca	(1Corintios 10:1-4 con Deuteronomio 32:4)
Cristo es * **la nube que dirige a Israel**	(1 Corintios 10:1-4 con Éxodo 13:21-22)
** "Dios se manifestó en la carne"-Jesús es el Dios de Israel	(1 Timoteo 3:16)
**El es el Alfa y la Omega	(Apocalipsis 1:8, 21:6-7 con Isaías 44:6)
Cristo es el Dios de Israel	(3 Nefi 11:14)

JESUCRISTO, EL CREADOR

Preguntas Comunes: ¿Quién fue el Creador?; ¿Qué creó Dios?; Pensé que Dios creó todas las cosas.

El redentor hizo todas las cosas	(Isaías 44:24)
Cristo creó el mundo	(Juan 1:1, 3,14)
** "Dios, el que creó todas las cosas al lado de Jesucristo"	(Efesios 3:9)

JESUCRISTO, EL CREADOR

Por medio de su Hijo el cielo y la tierra fueron creados	(Colosenses 1:15-17)
** "Al lado de su Hijo... él hizo los mundos"	(Hebreos 1:2, 10; 11:3)
Cristo creó todas las cosas	(Helamán 14:12; DyC 14:9)
"Yo soy Jesucristo... Yo cree los cielos y la tierra, y todas las cosas que en ellas hay"	(3 Nefi 9:15)

JUEGOS DE AZAR

Preguntas comunes: ¿Son los juegos de azar OK? ¿Qué pasa con los juegos de azar?

**No Jugar   (Proverbios 13:11)

"En cuanto a los juegos de azar, en conexión con las carreras de caballos u otros juegos y deportes, firmemente desaprobamos esas practicas"
-Pres. Spencer W. Kimball, 1974

"11 de Oct [1986]- La Primera Presidencia declaró su oposición a la legalización de los juegos de azar y la patrocinación de la lotería por el gobierno."
(1995-1996 *Church Almanac*, p.392)

LECCIÓNES (CHARLAS)

(Incluye Preguntas Comunes y Dudas)

LECCIÓN UNO

EL MENSAJE DE LA RESTAURACIÓN DEL EVANGELIO DE JESUCRISTO

LECCIÓNES (CHARLAS)

Principio Uno: Dios es nuestro amoroso Padre Celestial
Preguntas: ¿Somos hermanos y hermanas? Características de Dios. ¿Por qué el Señor permite el sufrimiento y la guerra?

Principio Dos: El Evangelio bendice a las familias
Preguntas: No estamos casados; nuestro hijo esta enfermo

Principio Tres: Nuestro Padre Celestial revela Su Evangelio en cada dispensación
Preguntas: ¿Qué es un profeta? ¿Realmente necesitamos profetas? ¿Qué es el Espíritu Santo? ¿Como puede una persona saber si un profeta es verdadero? ¿Qué es un testigo especial de Dios?

Principio Cuatro: El ministerio terrenal del Salvador
Preguntas: Cristo como el Salvador; Jehová es Cristo; No creo en milagros; ¿Porque hizo la expiación? : ¿Por qué el Señor escogió a apóstoles? ¿Cuál es la organización de la Iglesia que Cristo estableció?

Principio Cinco: La Gran Apostasia
Preguntas: ¿Realmente hubo una Apostasía? ¿Qué causo la Gran Apostasía? ¿Hubo profecías en cuanto a la Apostasía? ¿Por qué Dios permitió que ocurriera una Apostasía? ¿Qué les ocurrirá a todos aquellos que vivan durante la Apostasía?

Principio Seis: La restauracion del Evangelio de Jesucristo por conducto de Jose Smith
Preguntas: Profetas en los últimos días. ¿Puede un hombre ver a Dios? ¿Tienen Dios y Jesucristo cuerpos? Jehová es Cristo ¿Cómo puedo saber que José Smith fue un profeta? ¿Por qué escogió Dios a José Smith para restaurar su evangelio? ¿Por qué Dios necesita una Iglesia?

Principio Siete: El Libro de Mormón: Otro Testamento de Jesucristo
Preguntas: ¿Como tradujo José Smith el Libro de Mormon? ¿Qué contiene el Libro de Mormón? ¿Como puedo saber si es verdadero? ¿No dice el libro de Apocalipsis en la Biblia que uno no puedo añadir nada a la Biblia? ¿Sabia Jerusalén algo de las Américas? Leyendo los versículo asignados.

Principio Ocho: Ore para saber la verdad por conducto del Espíritu Santo

LECCIÓNES (CHARLAS)

Preguntas: ¿Como se siente el Espíritu Santo? Teniendo una segunda lección. ¿Como puedo orar para encontrar una respuesta por mí mismo? ¿Cómo puedo saber que esta es la única Iglesia verdadera?

LECCIÓN DOS

EL PLAN DE SALVACIÓN

Principio Uno: La vida preterrenal: el propósito y el plan de Dios para nosotros
Preguntas: ¿Realmente existimos antes de venir a esta tierra? ¿Somos realmente hijos e hijas de Dios? ¿Cómo fue la Vida Preterrenal?

Principio Dos: La Creación
Preguntas: ¿Jehová es Cristo? ¿Como creó todo Jesucristo?

Principio Tres: El albedrio y la caída de Adán y Eva
Preguntas: ¿Que tipo de fruta comiéron? ¿Rompiéron algun mandamiento? ¿Como apareció el Jardín del Edén?

Principio Quatro: Nuestra vida en la tierra
Preguntas: ¿Cuál es el proposito de la vida? ¿Por qué permite Dios las guerras y el sufrimiento? ¿Cómo somos probados en esta vida?

Principio Cinco: La Expiación
¿Que es la expiación? ¿Porque fue necesario? ¿Porque Cristo expió por nuestros pecados?

Principio Seis: El mundo de los espíritus
Preguntas: ¿Que pasa a nuestro espíritu despues de la muerte? ¿Que pasará con la gente que no se bautizan? ¿Qué pasa con los pecadores después de la muerte y que pasa con los justos después de la muerte?

Principio Siete: La resurrección, el juicio y la inmortalidad
Preguntas: ¿Que le pasa al espíritu en el momento de nuestra muerte? La resurrección de Cristo. ¿Únicamente los justos resucitan? ¿Puedo resucitar? ¿Cómo pareceré después de

LECCIÓNES (CHARLAS)

la resurrección? ¿Cómo tuvo poder Cristo para superar la muerte?

Principio Ocho: Reinos de gloria
Preguntas: ¿Hay realmente tres cielos? ¿Cómo se puede heredar el Reino Celestial? ¿Se puede progresar después de la resurrección? ¿Qué se hace en el cielo?

LECCIÓN TRES

EL EVANGELIO DE JESUCRISTO

Principio Uno: Por medio de Cristo podemos ser limpios del pecado
Preguntas: ¿Realmente puedo recibir una remisión de mis pecados? ¿Cómo tuvo poder Cristo para superar los pecados de toda la humanidad? ¿Qué significa la expiación?

Principio Dos: Fe en Jesucristo
Preguntas: Fe con obras. Fe en Jesucristo. ¿Cómo puedo tener mas fe?

Principio Tres: El arrepentimiento
Preguntas: ¿Cuáles son los pasos para un arrepentimiento sincero? ¿Cómo puedo llegar a saber si Dios me ha perdonado? ¿Por qué tengo que arrepentirme?

Principio Quatro: El bautismo, nuestro primer convenio
Preguntas: Ya he sido bautizado. No bautizar a niños pequeños. El pecado original. La necesidad de la autoridad adecuada.

Principio Cinco: El don del Espiritu Santo
Preguntas: ¿Realmente seré bautizado con fuego? ¿Quién es el Espíritu Santo? ¿Recibo el Espíritu Santo al tiempo que soy bautizado?

Principio Seis: Perseverar hasta el fin
Preguntas: ¿Cómo puedo perseverar hasta el fin? ¿Será difícil?

LECCIÓN QUATRO

LECCIÓNES (CHARLAS)

LOS MANDAMIENTOS

Principio Uno: Obediencia
Preguntas: ¿Es estricto el evangelio? ¿será difícil? ¿Tenemos que ser perfectos? ¿Qué pasa si cometo un error?

Principio Dos: Orar a menudo
Preguntas: ¿Con qué frecuencia debemos orar? ¿A quién debemos orar? ¿Por qué es importante la oración? ¿Cómo orar?

Principio Tres: Estudiar las Escrituras
Preguntas: ¿Con qué frecuencia se estudian las Escrituras?

Principio Quatro: Santificar el día de reposo
Preguntas: ¿Por qué ir a la iglesia todos los domingos? ¿Por qué utilizar agua en lugar de vino para la Santa Cena? ¿Cómo santificar el día de reposo?

Principio Cinco: El bautismo y la confirmación
Preguntas: "Ya he sido bautizado," ¿bautizar a los niños pequeños? ¿un pecado original? ¿necesidad de una autoridad apropiada? "No puedo nadar. Mi esposa no me dejará. No estoy preparado. Necesito estudiar mas."

Principio Seis: Seguir al profeta
Preguntas: ¿Qué es un profeta? ¿Qué es la fundación de la Iglesia que Cristo fundó?

Principio Siete: Guardar los Diez Mandamientos
Preguntas: ¿Cuál es el problema de adorar a un ídolo?

Principio Ocho: Vivir la ley de castidad
Preguntas: ¿Por qué una persona no puede tener relaciones sexuales antes del matrimonio? ¿Por qué tengo que estar casado? ¿Cómo puedo conservar mis pensamientos limpios?

Principio Nueve: Obedecer la Palabra de Sabiduría
Preguntas: ¿Por qué tengo que parar de consumir estas substancias? No entiendo que perjuicio causa en mi. No puedo parar, es imposible.

Principio Diez: Guardar la ley del diezmo
Preguntas: Somos muy pobres. ¿Por qué tengo que hacer una contribución tan grande?
¿Dónde se va este dinero?

LECCIÓNES (CHARLAS)

Principio Once: Observar la ley del ayuno
Preguntas: Soy hipoglucemico, ¿Cómo puedo no comer o beber en 24 horas? ¿Por qué necesitamos ayunar? ¿Tienen los niños y las mujeres embarazadas que ayunar?
Principio Doce: Cómo donar diezmos y ofrendas
Preguntas: ¿Quien es el obispo?
Principio Trece: Obedecer y honrar la ley
Preguntas: ¿Por qué son importantes las leyes terrenales?

LECCIÓN CINCO: (Después del bautismo y la confirmación)

LAS LEYES Y ORDENANZAS

Principio Uno: El sacerdocio y las organizaciones auxiliares
Preguntas: ¿Quién puede recibir el sacerdocio? ¿Para qué es el sacerdocio? ¿Qué actividades se proporciona la Iglesia? ¿Cuál es el propósito del obispo? ¿Cómo puede la Iglesia ayudarme a volver a Dios?
Principio Dos: La obra misional
Preguntas: No conozco a nadie que escucharía las charlas. ¿Cómo puedo presentarlo a mis amigos?
Principio Tres: El matrimonio eterno
Preguntas: ¿y si mi esposo ha muerto ya?
Principio Quatro: Los templos y la historia familiar
¿Cómo puedo buscar mi historia familiar y efectuar las ordenanzas necesarias en su nombre?
Principio Cinco: El servicio
Preguntas: ¿Cómo puedo servir en la Iglesia?
Principio Seis: La enseñanza y el aprendizaje en la Iglesia
Preguntas: Yo no soy bueno para hablar en público.
Principio Siete: Perseverar hasta el fin
Preguntas: ¿Tenemos que ser perfecto? ¿Qué pasa si cometo un error?

EL LIBRO DE MORMON

(Predicad Mi Evangelio, pp. 31-90)

EL LIBRO DE MORMON

Preguntas Comunes: ¿Necesitamos más escritura?; ¿Como puede saber que es verdadera?; ¿Hay alguna profecía bíblica del descubrimiento del Libro de Mormón?; ¿Apareció Cristo realmente a los Indios Americanos?

Esparcido por toda la tierra	(Génesis 11:1-9)
Los frutos de José (Nefitas) están ESPARCIDOS POR TODOS LOS MUROS Y ATRAVES DE LOS OCEANOS	(Génesis 49:22)
Capítulos de la Biblia, son básicamente lo mismo	(2 Reyes 19; Isaías 37)
"Segunda Vez" (restauración) desde las "islas del mar" y "los cuatro confines de la tierra"	(Isaías 11:10-12)
Susurrará desde el polvo	(Isaías 29:1-4)
Libro Sellado	(Isaías 29:10-14, 17-24)
2 palos en una mano- La Biblia y el Libro de Mormón	(Ezequiel 37:19-21)
Otras ovejas	(Juan 10:16; Mateo 15:24)
No todas las cosas sobre Jesús están escritas en la Biblia	(Juan 20:30)
Ni aún en el mundo cabrían los libros que se habrían de escribir sobre Cristo	(Juan 21:25)

EL LIBRO DE MORMON

2-3 testigos	(2 Corintios 13:1; Mateo 18:16; D&C 6:28; Deuteronomio 17:6, Éter 5:4; D&C 128:3; JS Historia 65-66)
El Libro de Mormón y la restauración por Moroni	(Apocalipsis 14:6-7)
¿No añadir a la Biblia?	(Apocalipsis 22:18-19; Deuteronomio 4:2; 3, Nefi 11:40; D&C 20:35; Proverbios 30:5-6)

Las Planchas de Bronce contienen:

1. Los cinco libros de Moisés	(1Nefi 5:11)
2. La historia de los judíos	(1Nefi 5:12)
3. Profecías de los santos profetas	(1Nefi 5:13)
4. Profecías de Jeremías	(1Nefi 5:13)
5. Genealogía de sus padres	(1Nefi 5:14)

Leer para no ser confundido	(2Nefi 3:12)
Es otro testamento	(2Nefi 29:8-10)
¡Una Biblia! ¡Una Biblia!	(2Nefi 29:3:14)
Jerusalén no sabia mucho acerca de las Américas, pero "otras ovejas"	(3Nefi 15:12-18)
Bendecido es aquel que sacará a la luz este libro	(Mormón 8:16)
Poder del Libro de Mormón	(DyC 20:8-12)
Comparar 2 Reyes 19 con Isaías 37; El Libro de Mormón no copia a la Biblia	
Iglesia condenada por no leer	(DyC 84:49-57)

"El Libro de Mormón es un registro de nuestros 90antepasados de las tribus indias del oeste; siendo

EL LIBRO DE MORMON

encontradas por la ministración de un ángel."
(*Enseñanzas de José Smith*, p. 17- cita de la *Historia de la Iglesia*, 1, p.315)

Orson Pratt añadió los números de versos y las referencias en 1879.

TESTIGO DE

NOTA: A pesar de que algunos testigos dejaron la Iglesia, ninguno de ellos ha negado su testimonio del Libro de Mormón. Aún los testigos que han abandonado la Iglesia continúan testificando de lo que vieron. Entre ellos, David Whitmer (el único de los tres testigos que se mantuvo fuera de la Iglesia hasta que murió) es bien conocido por la publicación y distribución de su testimonio al público. El, así como otros, testificó de la divinidad del Libro de Mormón estando en cama antes de morir.

(La siguiente información es citada directamente de los *Artículos de Fe*, p.452; el contenido completo es una cita)

LOS TRES TESTIGOS:

Oliverio Cowdery: Nacido en Well, Rutland Co., Vermont, Octubre, 1805; bautizado el 15 de mayo de 1829; Murió en Richmond, Mo., el 3 de marzo de 1850.

David Whitmer: Nació cerca de Harrisburg, PA., el 7 de enero de 1805; bautizado en junio de 1829; excomulgado de la Iglesia el 13 de abril de 1838; murió en Richmond, Mo., el 25 de enero de 1888.

Martin Harris; Nació en Easttown, Saratoga Co., Nueva York, el 18 de mayo de 1783; bautizado en 1830: se mudó a Utah en agosto de 1870, y murió en Clarkston, Cache Co., Utah el 10 de julio de 1875.

LOS OCHO TESTIGOS;

Christian Whitmer; Nació el 18 de enero de 1798;

EL LIBRO DE MORMON

bautizado el 11 de abril de 1830; murió en plena hermandad con la Iglesia, Clay County, Missouri, el 27 de noviembre de 1835. Era el hijo mayor de Meter Whitmer.

Jacob Whitmer: Segundo hijo de Meter Whitmer; nació en Pennsylvania, el 27 de enero de 1800; bautizado el 11 de abril de 1830; murió el 21 de abril de 1856, habiendo abandonado la Iglesia previamente.

Peter Whitmer, Jr.: Nació el 27 de septiembre de 1809; Quinto hijo de Peter Whitmer; bautizado en junio de 1829; murió siendo un miembro fiel de la Iglesia, cerca de Liberty, Clay Co., Missouri, el 22 de septiembre de 1836.

John Whitmer: Tercer hijo de Peter Whitmer; nació el 27 de agosto de 1802; bautizado en junio de 1829; excomulgado de la Iglesia el 10 de marzo de 1838; murió en Far West, Missouri el 11 de julio de 1878.

Irma Page: Nació en Vermont en 1800; bautizado el 11 de abril de 1830; abandono la Iglesia en 1838; murió en Ray Co., Missouri el 12 de agosto de 1852.

José Smith, Sr.: El padre del Profeta José; nació en Topsfield, Essex Co., Mass., el 12 de julio de 1771; bautizado el 6 de abril de 1830; ordenado patriarca de la Iglesia, el 18 de diciembre de 1833; murió en plena hermandad con la Iglesia en Nauvoo, Ill., el 14 de septiembre de 1840.

Hyrum Smith: Segundo hijo de José Smith, Sr., Nació en Tunbridge, Vt., el 9 de febrero de 1800, bautizado en junio de 1829; nombrado como miembro de la Primera Presidencia de la Iglesia el 7 de noviembre de 1837; Patriarca de la Iglesia el 19 de enero de 1841; martirizado con su hermano, El Profeta, en Carthage, Ill., el 27 de junio de 1844.

Samuel Harrison Smith: Nació en Tunbridge, Vt., el 13 de marzo de 1808; cuarto hijo de José Smith, Sr., bautizado el 15 de mayo de 1829; murió el 30 de julio de 1844.

EL LIBRO DE MORMON - EVIDENCIAS

PARA INFORMACION SOBRE QUETZALCOATL, VEASE QUETZALCOATL.

Preguntas comunes: ¿Hay evidencias de la existencia de antiguos templos y ciudades en América? ¿Había caballos en América antes de que llegasen los europeos?

"La antigua migración transoceánica Jaredita que duró 344 días (Éter 6:11) cesa de parecer tan fantástica cuando sabemos que ese es el tiempo que le toma a la corriente Pacifica en ir desde Asia hasta México."
-John W. Welch (*Nurturing Faith Through The Book of Mormon*, p. 155)

EL ENCUENTRO DE ANTIGUAS PLANCHAS DE METAL

En 1933 fue encontrada en Persepolis, Irán, una caja de piedra que contenía planchas de oro y plata escritas en tres idiomas antiguos: elamita, persa, y babilónico. Estas planchas no fueron escritas mucho después del viaje de Lehi a través de los océanos Pacífico e Indico. Las planchas medían trece pulgadas de largo por trece de ancho. Las planchas de Mormón sin embargo medían ocho pulgadas de largo por seis de ancho.

Planchas similares, echas de metales preciosos, han sido encontradas en India, Egipto, Grecia, Roma, Palestina, México, y Colombia. El museo de los Indios Americanos en la ciudad de New York tiene unas planchas de oro que miden diez pulgadas de ancho por doce de largo. (Harris, pp. 95-105)

EL USO DE ACERO, CABALLOS Y OTROS ANIMALES POR LOS INDIOS AMERICANOS

Críticos ignorantes se ríen del Libro de Mormón porque éste menciona el uso de hierro (2 Nefi 5:15), acero, caballos (1 Nefi 18:25), y elefantes (Éter 9:19). Dicen que los

EL LIBRO DE MORMON - EVIDENCIAS

habitantes del continente americano no sabían de la existencia de estas cosas. En 1930 fueron encontradas veintidós cuentas de hierro de la época precolombina en Havana, Illinois. Se encontró acero enterrado bajo un antiguo templo en Panamá. Herramientas, cuchillos, y puntas de flecha hechos de hierro fueron encontrados en Ohio, Perú, México y en otras áreas. Hornos de hierro han sido encontrados en Virginia, Ohio y otras áreas que coinciden con la descripción de los encontrados en el Mediterráneo y África. Salomón hizo un "arco de acero" cerca del 1100 AC (Veáse también Job 20:24; Deuteronomio 4:20).

En 1833, Charles Darwin encontró evidencia de la existencia de caballos en América antes de la llegada de los europeos. En 1931, varios científicos encontraron la punta de una flecha debajo de la escápula de una momia en Angus, Nebraska. Los cazadores indios americanos pudieron haber ayudado en la rápida extinción de caballos, mamuts, y otros animales de los cuales los arqueólogos dicen que vivieron en el continente americano. Huesos de mamut y de caballo fueron encontrados enterrados al lado de antiguas herramientas de caza en América. El dibujo de un elefante al lado de un indio americano fue encontrado en Moab, Utah. Un dibujo antiguo de un caballo fue encontrado en Blythe, California. Otras pinturas de caballos parecen tener poco más de 2000 años de antigüedad.

Los huesos de un elefante fueron encontrados enterrados con un hombre. Muchos hallazgos similares han sido encontrados en México y otras partes de América Central. Algunas evidencias señalan que el mamut pudo haber continuado su existencia en América hasta hace por lo menos mil años. Algunos científicos sugieren que los europeos no introdujeron el caballo en América y que éste nunca llego a extinguirse. Marcas de cazadores han sido encontradas en los huesos de mamuts descubiertos en el condado de Yuma, Colorado; Winter Beach, Florida; y 94Tepexpan, México. (Harris, pp.79-94).

EL LIBRO DE MORMON - EVIDENCIAS

ANTIGUOS INMIGRANTES A LAS AMERICAS

Debido a que los primeros conquistadores europeos destruyeron casi todos los escritos de los imperios indios americanos, muy poca información escrita acerca de sus antiguas civilizaciones está disponible. De todas maneras, muchas civilizaciones han sido descubiertas en el centro y el sur de América. Resulta increíble ver como los restos y las leyendas de América relatan en detalle las historias del Libro de Mormón. Templos, edificios, largas carreteras de cemento, y ciudades enteras han sido encontrados en México, Perú, Ecuador, América Central, y muchas otras áreas. Entre 13 y 53 millones de personas pudieron haber poblado la Península del Yucatán (Morley, p. 316). Aunque muchos indios americanos tienen antecesores lamanitas, hay una evidencia genética de que con su raza se han mezclado emigrantes Mongoles, Polinesios, europeos, Orientales, y Palestinos. Por ejemplo, la nariz de un mongol es más bien chata, mientras que la de un indio americano puede ser tanto chata como puntiaguda; las narices de los mayas son todas puntiagudas.

Los mongoles tienen pelo liso, pero muchos indios americanos lo tienen ondulado. Por lo tanto, es imposible determinar cual de todas las razas es el origen de los indios americanos (Harris, pp. 65-71)

Por el Libro de Mormón sabemos que muchos de los antecesores de los indios americanos provinieron de Jerusalén, y hay evidencia de este origen. Los indios de América Central relatan la leyenda de un gran diluvio y el uso de un Tootlipetlacalli, o "arca cerrada", para poder sobrevivir. También relatan una historia similar a la de la Torre de Babel. Así como el libro de Éter en el Libro de Mormón nos cuenta que el Señor confundió las lenguas en la Torre de Babel, los antiguos indios americanos sabían acerca de la confusión de lenguas y el esparcimiento de los que construyeron la torre. Los indios dicen que a sus antecesores se les permitió conservar su lengua original,

EL LIBRO DE MORMON - EVIDENCIAS

lo cual concuerda con el relato de Éter. Debido a la distorsión del tiempo, los indios mexicanos dicen que sus antiguos parientes cruzaron los mares mientras vivían en cuevas. Con esas cuevas pueden estarse refiriendo a los Jareditas en su viaje a América. Los indios americanos también creen que el mundo se acabará con un gran fuego. Los indios dicen que los antecesores guardaron escritos sobre piedra o metal (Ferguson, pp. 24-37).

LA LEGENDA DE HUEMAN Y OTRAS

El Libro de Istlilxochitl contiene la historia de un antiguo astrólogo y profeta llamado Huemán, quien reunió toda la historia del mundo, incluyendo doctrinas y prácticas religiosas, y las compiló en un libro llamado *Teoamoxtli*. Hunter y Ferguson comentan que el Huemán del cual ellos hablan puede ser alguien como el profeta Mormón, quien recopiló las planchas de Mormón (Ferguson, pp. 337-338).

Por añadidura, los indios americanos cuentan la historia de una guerra entre una nación de gente con piel clara contra una nación de gente con piel mas oscura. Ambas naciones lucharon una y otra vez durante toda su existencia.

Cumora (komaw) en hebreo significa "alto, altura, grande." Esto cobra sentido al leer en el Libro de Mormón acerca del cerro de Cumora (Ibíd., p.364, citado de Strong, palabras 6966-6967)

EL ARBOL DE LA VIDA

Los indios de México y Guatemala poseen antiguas leyendas y dibujos del "árbol de la vida". El simbolismo que contiene se parece mucho al del árbol de la vida en el Libro de Mormón y la Biblia: Vida Eterna y el amor de Dios. En su leyenda, Ixanom, el primer hombre (Adán), comió del fruto del primer árbol en la tierra. En 1696 DC, el Padre Andrés de Avendaño y Loyola encontró a los indios Itza y del Yucatán adorando este árbol de la vida (Ibíd., p.213).

EL LIBRO DE MORMON - EVIDENCIAS

PRACTICAS ISRAELITAS

Hay suficiente evidencia innegable para apoyar el echo de que los antiguos americanos hablaban hebreo, el lenguaje de Lehi y su familia (Mormón 9:33). La doctrina, un tanto distorsionada pero muy parecida a la doctrina del sacrificio para recibir la remisión de los pecados, practicada por los indios del Yucatán, es muy similar a la doctrina del sacrificio practicada por los israelitas bajo la ley de Moisés. Los Mayas se esparcían ceniza encima de ellos mientras ayunaban al igual que los israelitas (Mosíah 11:25; Isaías 58:5). En 1948 William M. McCart encontró en una roca en Alburquerque, New México, los grabados de una sinopsis de los Diez Mandamientos. Estaba escrito en una versión distorsionada del antiguo alfabeto fenicio (Harris, pp. 73-74).

LA HISTORIA DE SPAULDING

Algunos antimormones declaran que Sidney Rigdom copió un manuscrito del reverendo Solomon Spaulding y que lo usó para crear el Libro de Mormón. Su afirmación en errónea. Primero, Sidney Rigdom no supo nada de la Iglesia o del Libro de Mormón sino hasta que el Libro de Mormón fue publicado. Segundo, la historia de Spaulding no relata la historia del Libro de Mormón.

Uno de los primeros antimormones, Doctor Philastus Hurlbut (quien no era realmente un doctor; Doctor era su primer nombre), fue el primero en aparecer con esta historia de Spaulding. Hurlbut fue excomulgado de la Iglesia en 1830 por causa de mala conducta sexual. El quería hacer todo lo posible para acallar su orgullo y vengarse de la Iglesia.

El libro de Solomon Spaulding cuenta un romance romano donde un grupo de marineros de Roma navegan hasta América y encuentran a los indios. El relato no tiene nada que ver con los judíos, los israelitas, la ley Mosaica, el Mesías, el Cristianismo, o algo parecido. Los nombres y97

EL LIBRO DE MORMON - EVIDENCIAS

los lugares en su libro *"The manuscript found"* no se encuentran en el Libro de Mormón. La única relación que puedo encontrar entre estos dos, después de haber leído el libro de Spaulding, es que Spaulding habla acerca de algunas personas (pero de Roma) que yendo a las Américas se encuentran con indios idólatras. La historia de Spaulding no tiene nada que ver con el Libro de Mormón; aun su vocabulario y contenido son grandemente diferentes de los encontrados en el Libro de Mormón.

El texto de Spaulding fue originalmente publicado por un tal señor Howe de Pinsville, Ohio y casi nadie compró el libro. Debido lo absurdo que resultó comparar su libro con el Libro de Mormón, volvió a ser publicado por la compañía Deseret News en Salt Lake City para quienes quisieran leerlo. *"The manuscript found"* solo tiene 115 páginas, bastante menos que el Libro de Mormón. (Reynolds; Spaulding)

EVIDENCIA DE LA TRADUCCION

Existen bastantes ejemplos para probar que el Libro de Mormón fue directamente traducido de las planchas de Mormón y no de la Biblia. Por ejemplo, las palabras de Isaías en 2 Nefi 12:16 dicen: "y sobre todos los barcos del mar, y sobre toda nave de Tarsis, y sobre todos los panoramas agradables," mientras que nuestra versión del rey James del antiguo testamento acorta la frase a "y sobre todos los barcos de Tarsis, y sobre todos los panoramas agradables."

La antigua traducción griega incluye "barcos del mar" y la traducción hebrea incluye "barcos de Tarsis." Por lo tanto podemos decir que las planchas de Mormón no perdieron ninguna parte del texto original de este verso. Además, José Smith no sabía griego cuando estaba traduciendo el Libro de Mormón y no pudo haber sabido que la versión griega de ese verso incluía la frase "barcos del mar," una frase que se quedo fuera de la versión del rey

EL LIBRO DE MORMON - EVIDENCIAS

James.

El Libro de Mormón demuestra su uso del estilo de escritura hebrea. Los poetas hebreos escribían en quiasmos. Un quiasmo es cuando una palabra o frase de la primera línea aparece en la última línea, una palabra o frase en la segunda línea aparece en la penúltima línea, etc. Los quiasmos se usan cuando un escriba quiere enfatizar algo importante. En Alma 36:1-30, un gran quiasmo cubre los treinta versos y diversos quiasmos mas pequeños son incluidos por en medio de este pasaje:

A palabras
B mandamientos de Dios
C prosperar en la tierra
D hacer como yo he hecho
E servidumbre
F cautiverio
G librados
H librados
I ultimo día
J Dios
K nacer de Dios
L hijos
M iglesia de Dios
   destruido
   destruido
   iglesia de Dios
N miembros
   atormentado
   atormentado
   pecados
   pecados
O dolores
   tormento
   atormentado
      dolores
P Jesucristo hijo de Dios
P Jesús, hijo de Dios

EL LIBRO DE MORMON - EVIDENCIAS

      O dolores
gozo
gozo
dolor
intensa
intensa
Dios
Dios
    N miembros
    M nacer de Dios
      Probar
      probar
nacer de Dios
    L hijo
    K nacer de Dios
    J Dios
    I ultimo día
    H librados
    G librados
    F cautiverio
    E servidumbre
    D saber como yo se
    C prosperar en la tierra
    B mandamientos de Dios
    A palabra
(Crowell, p. 6)

Cientos de otros pasajes de escrituras contienen quiasmos. Por ejemplo: Levítico 14:51:52, Salmos 118:17-18, Isaías 55:8-9, 1 Nefi 1:1-2, Isaías 6:10, 1 Nefi 1:15-16.

LA MARCA DE CAIN

Preguntas Comunes: En el pasado, ¿Por qué a algunas naciones se les denegó el privilegio de tener el sacerdocio?

EL MATRIMONIO CIVIL ES NECESARIO

La marca de Caín	(Gen 4:14-15)
8 de junio de 1978 "Todos nuestros hombres dignos pueden recibir el sacerdocio"	DECLARACION OFICIAL 2
Caín mata a Abel	(Moisés 5:32)
La marca obscura	(Moisés 7:8)
Preservado del diluvio por la mujer de Ham	(Abraham 1:20-27)

EL MATRIMONIO CIVIL ES NECESARIO

VEASE TAMBIÉN EXALTACIÓN: MATRIMONIO CELESTIAL

Preguntas Comunes: ¿Por qué es necesario estar casado?; Es simplemente un papel impreso por el gobierno; ¿Permite el Señor el matrimonio o lo considera del diablo?

Lo que a Dios le agrada nadie puede destrozar	(Mateo 19:6)
La mujer de Simón Pedro	(Lucas 4:38)
*Los hijos son dados en el matrimonio	(Lucas 20:34)
*Jesús asiste a una ceremonia de matrimonio	(Juan 2:1-2)
*Abstente de la fornicación	(Hechos 15:20)
Matrimonio va unido a la ley	(Romanos 7:2)
Deben estar casados para cumplir el deseo	(1 Corintios 7:2, 8-9)
*Estamos sujetos a leyes	(Tito 3:1)
El matrimonio es honorable	(Hebreos 13:4)
*NO SE CASEN FUERA DEL CONVENIO SI ES POSIBLE	(Alma 3:8)

EL MATRIMONIO CIVIL ES NECESARIO

Los matrimonios en América	(4 Nefi 1:11)
El matrimonio es ordenado de Dios	(DyC 49:15)
*El olvidarse del matrimonio es una señal de apostasía	(DyC 49:15-16; 1 Timoteo 4:2-3)

"Ninguna mujer será condenada por el Señor por rehusarse a aceptar una proposición que ella sienta que no puede aceptar propiamente" -José Fielding Smith (*Doctrina de Salvación* II, p. 77)

"En el tiempo solo matrimonios; la madre toma sus a niños con su marido muerto" -José Fielding Smith (*Doctrina de Salvación* II, p.79)

DIVORCIO

La Ley de Moisés permite el divorcio	(Deuteronomio 24:1)
Jesús pone las condiciones del divorcio =fornicación/ adulterio	(Mateo 5:31-32; Mateo 19:3-11)

"Existen personas casadas que permiten que sus ojos se pierdan y su corazón se vuelva un vagabundo, quienes piensan que no es inapropiado tontear un poco, compartir sus corazones, y tener deseos por alguien a parte de su mujer o marido, el Señor dice en términos no inciertos: debe amar a su mujer con todo su corazón, y allegarse a ella y a ninguna otra" -Spencer W. Kimball
(Conference Report, Oct 1962, p. 57)

"La década de la investigación del proyecto del matrimonio [El Proyecto Nacional del Matrimonio por la Universidad de Rutgers] indica que los individuos que viven juntos antes del matrimonio tienen un mayor porcentaje de divorcio que las otras parejas"
(Parker, Katie "Values make for stronger vows" BYU 102Daily Universe, Provo, Utah 10 Feb. 1999, p. 1).

EL MATRIMONIO PLURAL

EL MATRIMONIO PLURAL

Preguntas Comunes: ¿Por qué los mormones practicaron el matrimonio plural?; ¿Las escrituras permiten el matrimonio plural?; ¿Por qué los mormones practican el matrimonio plural hoy día?

Criadas dadas a Jacob	(Génesis 33:1-2)
*mandamientos REVELADOS de Hagar para Abraham	(Genesis 25:12; DyC 132:34-40)
Lea y Raquel están casadas a Jacob	(Genesis 29:21-25)
Ahinoam y Abigail son 2 mujeres del Rey David	(2 Samuel 2:2)
28 niños engendrados por Abías y sus 14 mujeres	(2 Crónicas 13:21)
Revelación a Emma: vs 4- aviso sobre la conspiración ; vs 5- marido conformador; vs 10-deja a un lado las cosas de este mundo; vs 14-aviso de orgullo	(DyC 25)
Sólo **cuando el Señor lo manda**	(DyC 49:15-17; Jacob 2:27-30)
*La primera mujer debe dar su consentimiento	(DyC 132:61)
Multiplicarse y llenar la tierra	(DyC 132:63)
*Instrucciones a Emma Smith	(DyC 132:51-56, 58-66)
OFICIALMENTE DESCONTINUADO EN LA IGLESIA SUD- 1889	(Declaración Oficial-1)

MILAGROS

VEASE TAMBIÉN FE: BUSCADORES DE SEÑALES
Pregunta Comunes: ¿Suceden milagros hoy en día?; ¿Puedo ver un milagro ahora mismo?;
¿Suceden realmente los milagros o son simplemente

MILAGROS

mitos?

Moisés divide el Mar Rojo	(Éxodo 14:19-31)
Elías llama al fuego desde los cielos	(2 Reyes 1:5-12)
Elías parte el Río Jordán	(2 Reyes 2:14)
Sadrac, Mesac, y Abednego sobreviven al horno ardiente	(Daniel 3:13-28)
Daniel sobrevive un foso de leones	(Daniel 6:18-28)
Milagros son realizados en el nombre de Dios (Juan 3:2) Ellos hablaron el evangelio en su propio idioma por medio del Espíritu Santo	(Hechos 2)
"Todo lo puedo en Cristo que me fortalece"	(Filipenses 4:13)
Uno debe ser limpiado de la iniquidad para hacer milagros en el nombre de Cristo	(3 Nefi 8:1-3)
Debe haber fe para tener milagros	(Éter 12:12)
"¿Han cesado los milagros?"	(Moroni 7:27-30)

MILAGROS DE JESÚS

Jesús sana a un sirviente	(Mateo 8:5-13; Lucas 7:1-10)
El Señor sana a la suegra de Pedro	(Mateo 8:14-15; Marcos 1:29-31; 4:38-39)
Jesús saca demonios y sana al enfermo	(Mateo 8:16-17; Marcos 1:32-34; Lucas 4:40-41)

MILAGROS

El saca una legión de espíritus endemoniados los cuales entran en un rebaño de cochinos	(Mateo 8:28-34; Marcos 5:1-20; Lucas 8:26-39)
Jesús sana a un hombre enfermo de perlesía	(Mateo 9:1-8; Marcos 2:1-1; Lucas 5:17-26)
La hija de Jairo es levantada	(Mateo 9:18-19, 23-26; Marcos 5:21-24, 35-43; Lucas 8:41-42, 49-56)
Una mujer de fe es sanada por tocar meramente su manto	(Mateo 9:20-22; Marcos 5:25-34; Lucas 8:43-48)
Jesús sana a dos hombre ciegos	(Mateo 9:27-31)
Sana a un hombre mudo	(Mateo 9:32-34; Lucas 11:14-15)
El da de comer a cinco mil con solo cinco panes y dos peces	(Mateo 14:16-21, Marcos 6:33-44; Lucas 9:11-17; Juan 6:5-14)
Cristo anda en el Mar de Galilea	(Mateo 14:22-33; Marcos 6:45-52; Juan 6:15-21)
La hija de un Cananeo es sanada	(Mateo 15:21-28; Marcos 7:24-30)
Sana al enfermo en Galilea	(Mateo 15:29-31; Marcos 7:31-37)
Jesús *alimenta* la cuatro mil con tan sólo siete panes y unos pocos peces	(Mateo 15:32-38; Marcos 8:1-9)
El milagro de los *dos panes*	(Mateo 16:9-10)
Jesús sana a un *lunático*	(Mateo 17:14-21; Marcos 9; 14-29; Lucas 9;37-43)
Sana a dos hombres *ciegos*	(Mateo 20:29-34; Marcos 10:46-52; Lucas 18:35-43)
Cristo echa fuera a un *mal espíritu*	(Marcos 1:21-28; Lucas 4:33-37)
Sana a *un ciego*	(Marcos 8:22-26)

MILAGROS

El *nacimiento* de Cristo	(Lucas 2:6-7; 1 Nefi 11:18-20)
Jesús sana a un niño de Naín que estaba muerto	(Lucas 7:11-16)
Sana a una mujer el *Día de Reposo*	(Lucas 13:10-17)
Jesús sana a *diez leprosos*	(Lucas 17:11-19)
Después de haber sufrido en Getsemaní, Jesús sana *la oreja del siervo del sumo sacerdote*	(Lucas 22:50-51)
El *primer milagro* de Jesús	(Juan 2:11)
El hijo del noble de Caná es sanado	(Juan 4:46-56)
Cristo *sana en el Día de Reposo*	(Juan 5:2-16)
Sana a *un ciego en el Día de Reposo*	(Juan 9:1-4)
Cristo *levanta a Lázaro de entre los muertos*	(Juan 11:1-53)
Jesús *sana a los enfermos en América después* de su resurrección	(3 Nefi 17:7-11)
Milagrosamente administra la Santa Cena sin que nadie hubiera traído pan o vino	(3 Nefi 17:7-11)
Sana al enfermo, al cojo, al ciego, al sordo, y al afligido	(3 Nefi 26:15)

EL MILENIO

Preguntas Comunes: ¿Qué es el Milenio?; ¿Cuándo es el Milenio?; ¿Cómo será la vida durante el Milenio?; ¿Cuál es el propósito del Milenio?

Como el Jardín de Edén	(Ezequiel 36:34-38)

EL MILENIO

Dos capitales: Jerusalén en el este y Sión en el oeste; de Sión saldrá la ley, y de Jerusalén la palabra	(Isaías 2:3)
Paz en la vida animal	(Isaías 11:6-9 ; 65:25; Daniel 7:12)
No montañas, valles o islas	(Isaías 40:4-5; Apocalipsis 6:12-14; DyC 133:22-24)
Vivir para llegar a 100 años	(Isaías 65:20; DyC 101:30-31)
Jesús entrará por la puerta este del templo	(Ezequiel 43:1-5; 44:1-3)
Entonces vendrá el fin	(1 Corintios 15:23-28)
Reino de Cristo	(Apocalipsis 11:5)
Cristo gobernará	(Apocalipsis 11:15-19; Daniel 7:13-14)
Aquellos en la primera resurrección serán "sacerdotes de Dios y de Cristo, y reinarán con él mil años"	(Apocalipsis 20:6)
La guerra de Gog y Magog- lo bueno contra lo malo cuando Lucifer perderá otra vez	(Apocalipsis 20:7-10; DyC 88:111-115)
Resurrección de los justos	(DyC 29:26-27)
La tierra se limpiará por fuego al final del Milenio	(DyC 43:31-33)
Los niños crecerán hasta llegar a una edad avanzada	(DyC 63:49-51)
Canta una nueva canción	(DyC 84:98-102)
Las cuatro trompetas de la resurrección significan diferentes glorias	(DyC 88:102)

EL MILENIO

Hechos secretos de hombres revelados	(DyC 88:108-109)
Satanás será encarcelado por 1000 años	(DyC 88:110; Apocalipsis 20:2-3)
Satanás no puede tentar; "no habrá pesar porque no habrá muerte"	(DyC 101:28-29)
La Ciudad de Enoc volverá	(Moisés 7:63-66)

"Cuando la raza de iniquidad sea callada, entonces los pecados serán desterrados por la rectitud así como la oscuridad es desterrada por la luz. Asi como el humo desaparece y no hay más, así también la iniquidad perecerá para siempre y la justicia se revelara como el sol que gobierna la tierra. Todos los que se alleguen al pecado dejara de existir; conocimiento llenara el mundo y la necedad no existirá mas."
(*DEAD SEA SCROLLS IN ENGLISH*, pp. 109-110; *Qumran Cave I*, pp. 102-105)

MISCELANEOS

Preguntas Comunes: ¿Tenía Jesus parientes?; ¿Por qué no usamos cruces?

Se nombran *los hermanos y las hermanas* de Jesús	(Mateo 12:47-48; Mateo 13:55; Marcos 6:3; Galatas 1:17-19 [CONECTADO CON ESTAS-Marcos 6:3, Juan 19:25, Mateo 27:56])
Cotención entre los *Hermanas misioneras*	(Hechos 15:38-39) (Romanos 16:1-4)
No usad *cruces*	(1Corintios 1:18; NO ES UN DIOS DE MUERTOS-Marcos12:27)

MISCELANEOS

No *chismear en casa de otros*	(1Timoteo 5:13)
La definición del *anticristo*	(1 Juan 2:22; 2 Juan 1:7)
Miguel es vuestro príncipe (algunos antimormones dicen que nosotros creemos que Miguel es Dios el Padre, cosa que no es cierta)	(DyC 78:15-16)

MUJERES EN LA IGLESIA

Pregunta Comunes: ¿Cuál es el papel de la mujer de la Iglesia?

"Cada mujer sabia construye su casa"	(Proverbios 14:1)
"La mujer para tener poder sobre su cabeza"	(1 Corintios 11:10)
La mujer necesita al hombre	(1 Corintios 11:11-12)
El pelo largo es gloria para la mujer	(1 Corintios 11:15)
Hermanas Misioneras	(Romanos 16:1-4)
Se habla figurativamente de la Iglesia como una mujer, el niño es el Reino de Dios	(Apocalipsis 12:1-2)
Los jóvenes guerreros no dudaron, sus madres los enseñaron bien	(Alma 56:47-48)
El hombre y la mujer serán dioses	(DyC 132:19-20)
El hombre como una ayuda encuentra al hombre	(Moisés 3:20)
Traer al mundo niños	(Moisés 4:22)
Eva fué la primera mujer	(Moisés 4:26)

EL MUNDO DE LOS ESPÍRITUS

Una madre celestial (3er estrofa del Himno "Oh mi Padre")

EL MUNDO DE LOS ESPÍRITUS

Preguntas Comunes: ¿Dónde vamos después de la muerte?; ¿Dónde está el mundo de los espíritus?

El cuerpo vuelve a la tierra y el espíritu vuelve a Dios	(Eclesiastés 12:7)
Jesús dice al ladrón que estará en el Mundo de los Espíritus (realmente no el paraíso)	(Lucas 23:43)
Tenemos espíritus dentro de nuestros cuerpos	(1Corintios 6:20)
El paraíso es un estado de felicidad entre la muerte y la resurrección	(Alma 40:12)
Todos los discípulos, excepto los tres nefitas, han ido al paraíso de Dios	(Moroni 10:34)
Las cuatro bestias en Apocalipsis 4:6 representan el paraíso de Dios figurativamente	(DyC 77:2; Apocalipsis 4:6)
Se ve como un esclavo fuera del cuerpo	(DyC 138:50)

ORACIÓN

Preguntas Comunes: ¿Por qué necesitamos orar?; ¿Cómo puede beneficiarme la oración?; ¿Cómo debo orar?; ¿Cómo puedo saber que Dios esta contestando mi oración?; ¿Qué pasaría si no recibirá una respuesta a mis oraciones?

RECIBIR RESPUESTAS

ORACIÓN

"Te dará una respuesta de paz"	(Genesis 41:15-16)
Pedid y se os dará	(Mateo 7:7-11)
*Cualquier cosa que pidiereis en oración creyendo	(Mateo 21:22)
Pedid y se os dará	(JST Marcos 9:40-48, especialmente verso 45)
Cualquier cosa que pidas la recibirás	(Marcos 11:22-25; DyC 29:6)
Los frutos del Espíritu	(Gálatas 5:22-25)
*La razón por la cual a veces puede que no reciba una respuesta	(Santiago 4:3; DyC 46:9)
"Mayor es el testimonio de Dios"	(1 Juan 5:7-9)
¿Habéis preguntado a Dios?	(1 Nefi 15:8-11)
*"El Señor fue lento en oír su clamor a causa de sus iniquidades	(Mosíah 21:15)
Sabréis si le preguntáis a Dios	(Moroni 10:3-5)
Recibimos respuestas por medio del Espíritu Santo, que mayor testigo que este	(DyC 6:21-23, 15)
*Estudie y ore, entonces usted "sentirá que está bien"	(DyC 9:8)
Recibiréis lo que habéis pedido	(DyC 50:28-30)
*Sed humildes y el Señor contestará	(DyC 112:10)

CUANDO ORAR

ORACIÓN

"Que peque yo contra Jehová dejando de rogar por vosotros"	(1 Samuel 12:23)
*En voz alta por la mañana, al mediodía, y a la noche	(Salmos 55:17)
Orar tres veces al día	(Daniel 6:10)
*Cuando Pedro estaba en prisión en la Iglesia oraban por él, un esfuerzo en grupo	(Hechos 12:5)
Orad sin cesar	(1 Tesalonicenses 5:17)
"Yo estoy a la puerta y llamo"	(Apocalipsis 3:20)
Por la mañana y por la noche	(2 Nefi 9:52)
**Si usted ora diariamente, recibirá bendiciones	(Mosiah 4:11-12; DyC 10:5)
Orad continuamente al Señor	(Alma 34: 17-27)
Orad por la mañana y por la noche para recibir dirección	(Alma 37:37)

COMO ORAR

En secreto	(Mateo 6:5-6)
No con vanas repeticiones	(Mateo 6:7)

**CUATRO PASOS DE LA ORACIÓN

1. Nuestro Padre Celestial
2. Te damos gracias por-
3. Te pedimos   (Mateo 6:9-11)
4. En el nombre de Jesucristo, (Juan 14;13-14)
Amen

ORACIÓN

Pedid según la voluntad del Padre	(Mateo 20:20-24)
Las oraciones no deben ser largas y como para destacar delante de los demás	(Mateo 23:14)
*Jesús se aparta a la montaña y ora toda la noche	(Lucas 6:12)
*Arrodillados para orar	(Hechos 9:40)
Pedid a Dios con fe	(Santiago 1:5-6)
** Pedid de acuerdo con la voluntad de Dios	(1 Juan 5:14)
Cosas por las cuales debemos orar	(Alma 34:18-27)
No digan que son mejores que otros; el RAMEUMPTOM	(Alma 38:13-14)
Orad en vuestras familias	(3 Nefi 18:21-22)
Pedid, estando unidos en oración es poderoso	(DyC 29:6)
Si puede, ore vocalmente	(DyC 81:3)

¿POR QUÉ ORAMOS?

Para encontrar respuestas (Ver las referencias siguientes)

"Velad y orad para que no entréis en tentación"	(Mateo 26:41; DyC 31:12)
*Debéis orar y perdonad si tenéis algo contra alguno	(Marcos 11:25)
El espíritu bueno nos enseña a orar, pero el espíritu malo nos enseña a no orar	(2 Nefi 32:8-9)
Orad siempre para superar la tentación	(Alma 13:28; 3 Nefi 18:15-20; DyC 10:5)
Orad para pedir perdón	(Alma 22:16)
Por dirección	(Alma 37:37)

ORDENANZAS DEL SACERDOCIO

OTROS

La larga oración ofrecida por   (Enós 1:1-8, 15)
Enós

ORDENANZAS DEL SACERDOCIO

Preguntas Comunes: ¿Cómo se lleva a cabo una ordenanza?; ¿Cómo bautizo, etc.?

Para mas información, por favor, vea el Manual del Sacerdocio de Melquisedec.

LA BENDICIÓN DEL PAN
Un sacerdote bendice el pan.
1. Se arrodilla.
2. Dice la siguiente oración palabra por palabra:
    "Oh Dios, Padre Eterno, en el nombre de Jesucristo, tu Hijo, te pedimos que bendigas y santifiques este pan para las almas de todos los que participen de el, para que lo coman en memoria del cuerpo de tu Hijo, y testifiquen ante ti, oh Dios, Padre Eterno, que están dispuestos a tomar sobre si el nombre de tu Hijo, y a recordarle siempre, y a guardar sus mandamientos que el les ha dado, para que siempre puedan tener su Espíritu consigo. Amén." (Moroni 4; DyC 20:77)
3. El sacerdote mira a la autoridad que este presidiendo para recibir la aprobación para administrar después de haber dicho la oración.

LA BENDICIÓN DEL AGUA

    "Oh Dios, Padre Eterno, en el nombre de Jesucristo, tu Hijo, te pedimos que bendigas y santifiques esta agua para las almas de todos los que la beban, para que lo hagan en memoria de la sangre de tu Hijo, que por ellos se derramo;

ORDENANZAS DEL SACERDOCIO

para que testifiquen ante ti, oh Dios, Padre Eterno, que siempre se acuerdan de el, para que puedan tener su Espíritu consigo. Amen." (Moroni 5; DyC 20:79)

BAUTISMO

Un Elder o un Sacerdote puede efectuar el bautismo.
1. Mientras sujeta las manos de la persona que esta siendo bautizada con su mano izquierda, levante su brazo derecho en forma de escuadra y diga:
　　"(El nombre completo de la persona), habiendo sido comisionado por Jesucristo, yo te bautizo en el nombre del Padre, y del Hijo, y del Espíritu Santo, Amen."
2. La persona debe ser completamente sumergida en el agua después de al oración.

CONFIRMACIÓN

Un Elder puede confirmar:
　　1. Coloque ambas manos sobre la cabeza de la persona.
　　2. Llame a la persona por su nombre.
　　3. Indique que la ordenanza se lleva a cabo por la autoridad del Santo Sacerdocio y en el nombre de Jesucristo.
　　4. Indique que pone sus manos sobre la cabeza de la persona para:
　　　　A. Confirmar a la persona como miembro de la Iglesia de Jesucristo de los Santos de los Últimos Días.
　　　　B. Y diga a la persona, "Recibe el Espíritu Santo," Amen.

CONSAGRACIÓN DEL ACEITE

Un Elder puede efectuar esta ordenanza.
　　1. Mantenga la botella de aceite puro de oliva en sus manos.
　　2. Su oración debe dirigirse al Padre que esta en el Cielo e indicar que usted consagra el aceite de oliva (no el recipiente) por la autoridad del Santo Sacerdocio, y

ORDENANZAS DEL SACERDOCIO

que lo hace para la unción y bendición del enfermo y del afligido.

3. Termine en el nombre de Jesucristo. Amén.

4. NOTA: Quizás usted quiera poner el día de la consagración en el recipiente.

SANANDO AL ENFERMO

Esta ordenanza consiste de dos partes:

1. Unción del enfermo

A. Ponga una pequeña cantidad del aceite de oliva consagrado sobre la cabeza de la persona.

B. Un Elder pone sus manos sobre la cabeza de la persona.

C. Llame a la persona por su nombre.

D. Indique que la ordenanza es efectuada por la autoridad del Santo Sacerdocio y en el nombre de Jesucristo.

E. Indique que pone sus manos sobre la cabeza de la persona para ungir a la persona con e aceite de oliva que ha sido consagrado para sanar al enfermo y el afligido.

2. Sellar la Unción

A. Dos o mas Elderes ponen ambas manos sobre la cabeza de la persona.

B. Llame a la persona por su nombre.

C. Indique que la ordenanza es efectuada por la autoridad del Santo Sacerdocio y en el nombre de Jesucristo.

D. Indique que pone las manos sobre la cabeza de la persona para *sellar y confirmar* la unción del aceite consagrado que ha sido ungido para la bendición del enfermo y el afligido

E. El Elder puede entonces añadir mas bendiciones según las indicaciones del Espíritu.

LA BENDICIÓN DE LOS NIÑOS

ORDENANZAS DEL SACERDOCIO

Un Elder puede bendecir al niño.
1. Tenga al niño en sus brazos.
2. Dirijase al Padre Celestial.
3. Indique que la ordenanza es efectuada por la autoridad del Santo Sacerdocio y en el nombre de Jesucristo.
4. Presente al niño al Señor para darle al niño un nombre y una bendición.
5. Añada bendiciones según la indicación del Espíritu.

ORDENACIÓN AL SACERDOCIO DE AARÓN

1. Llame al hombre por su nombre.
2. Indique que la ordenanza es efectuada por la autoridad del Santo Sacerdocio.
3. Para la primera ordenación (Diáconos): confiera sobre ellos el Sacerdocio de Aarón.
4. Ordéneles al oficio apropiado en la Iglesia de Jesucristo de los Santos de los Últimos Días (Diacono, Maestro, o Sacerdote).
5. Confiera sobre la persona todos los derechos, poderes, y autoridad pertenecientes a ese oficio del Sacerdocio de Aarón.
6. Añada bendiciones según la indicación del Espíritu.
7. Termine en el nombre de Jesucristo. Amen.

ORDENACIÓN AL SACERDOCIO DE MELQUISEDEC

1. Llame al hombre por su nombre.
2. Indique que la ordenanza es efectuada por la autoridad del Santo Sacerdocio.
3. Para la primera ordenación (en el Sacerdocio de Melquisedec): confiérales el Sacerdocio de Melquisedec (Elderes).
4. Ordéneles al oficio apropiado en la Iglesia de Jesucristo de los Santos de los Últimos Días (Elder o Sumo Sacerdote).

ORDENANZAS DEL SACERDOCIO

5. Confiera sobre la persona todos los derechos, poderes y autoridad pertenecientes a ese oficio del Sacerdocio de Melquisedec.
6. Añada bendiciones según la indicación del Espíritu.
7. Termine en el nombre de Jesucristo. Amen.

DEDICACIÓN DE TUMBAS

NOTA: Uno puede dedicar una tumba sin tener la autoridad del Sacerdocio.
1. Diríjase al Padre Celestial.
2. Dedique y consagre el lugar como el lugar final de descanso para el cuerpo...hasta la resurrección.
3. Añada suplicas según la indicación del Espíritu.

PALABRA DE SABIDURÍA

Preguntas Comunes: ¿Qué es la Palabra de Sabiduría?; ¿Qué cosas están prohibidas en la Palabra de Sabiduría?; ¿Por qué necesitamos obedecer la Palabra de Sabiduría?; No puedo parar, es imposible.

La palabra de Sabiduría (DyC 89)

ALCOHOL

"Su vino es el veneno de dragones"	(Deuteronomio 32:33)
Bebiendo vino o bebidas fuertes puede ser perjudicial	(Jueces 13:4; Levítico 10:9)
*El vino es escarnecedor, la sidra alborotadora	(Proverbios 20:1)
*Los borrachos no heredan el Reino de Dios	(Gálatas 5:21; 1 Corintios 6:10)

OTROS ABUSOS

PALABRA DE SABIDURÍA

El cuerpo es un temple	(1 Corintios 3:16-17; 6:19-20)
* Ni siquiera un poquito, "El Señor no puede mirar al pecado con el mas mínimo grado de tolerancia"	(DyC 1:31)

CARNE

*La carne es para comer	(Genesis 1:30)
Carne fue comida después que fueron bautizados	(Hechos 16:33-34)
Abstenerse de carnes es apostasía	(1 Timoteo 3:3;4:3)
Cualquiera que prohíba comer carne no es ordenado de Dios	(DyC 49:18-19)

PALABRA DE SABIDURÍA, EVIDENCIA MÉDICA

Preguntas Comunes: ¿Hay alguna evidencia medica que apoye la Palabra de Sabiduría?;
¿Cómo es que estas sustancias perjudican al cuerpo físicamente?

Alcohol: Adictivo
Deprime el sistema nervioso central
Decrece el conocimiento, el juicio y la coordinación
Puede llevar a problemas serios que tienen que ver con el sistema nervioso central, gastroenteritis, y otros sistemas mayores del cuerpo incluyendo problemas de presión de la sangre

Tabaco: Muy adictivo
Gran causa de ataques al corazón y problemas respiratorios en todo el mundo
Causa problemas mayores y menores por todo el cuerpo

PALABRA DE SABIDURÍA, EVIDENCIA MÉDICA

incluyendo las arrugas

Café y Té: Formación de hábitos
Estimulación del Sistema Nervioso Central
Asociado con cambios de humor o ansiedad

Drogas Ilícitas: Muy adictivas
Pueden resultar en muerte o daño permanente al celebro, corazón y otros órganos vitales
(Bajo sección escrita por el Dr. Adrian Call, Sr., M.D)

"Principios revelados por el Señor en la Sección 89 de Doctrina y Convenios sostenido por la ciencia y aceptación

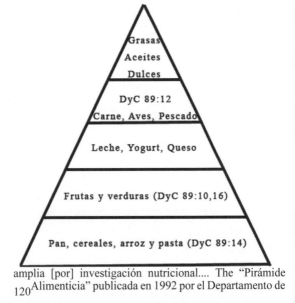

amplia [por] investigación nutricional.... The "Pirámide Alimenticia" publicada en 1992 por el Departamento de

PARÁBOLAS

Agricultura de los Estados Unidos es una confirmación de la Palabra de Sabiduría" - Dr. Garth Fisher
(Cada uno somos responsables de nuestra propia salud" *Church News*, p. 14. 4 de mayo 1996)

PARÁBOLAS

Preguntas Comunes: ¿Por qué Jesús enseñaba tan a menudo con parábolas?; ¿Qué significan las parábolas?

Jesús no pasó a ser un maestro público sino hasta que llego a los 30 anos, manteniendose asi en la tendencia de aquella época. (Números 4:3)

POR QUE TENEMOS PARABOLAS

"No deis lo santo a los perros, ni echéis vuestras *perlas delante de los cerdos*, no sea que las pisoteen" (Mateo 7:6)
Por que existen las parábolas (Mateo 13:10-16)

ACERCA DEL REINO DE DIOS

El Reino de los Cielos es como comprar una *Perla de Gran Precio* (Mateo 13:45-32)

El Reino de los Cielos es como una red que se recoge (Mateo 13:47-48)

La Iglesia esta construída *sobre una Roca* (Mateo 16:13-20)

La *Oveja perdida* (Mateo 18:12-14; Lucas 15:1-10)

PARÁBOLAS

"El Reino de Dios es comparado a *diez vírgenes*"	(Mateo 25:1-13; Lucas 12:35-36; DyC 45:56-59)
El Reino de Dios es como la semilla de un grano de mostaza que crece	(Marcos 4:30-34; Lucas 13:18-19)
El Reino de Dios es *como la levadura* que fermenta	(Lucas 13:20-21)
El Reino de Dios esta *dentro de vosotros*	(Lucas 17: 20-21)
Muchas mansiones en el cielo	(Juan 14:1-7)
"Mi Reino no es de este mundo"	(Juan 18:36-37)

OBRA MISIONAL

Enviados como *ovejas en medio de lobos*	(Mateo 10:16)
Cizaña entre la *buena semilla*	(Mateo 13:24-30)
El enfermo(infiel) *necesita medico*	(Lucas 4:30-32)
La *cosecha es grande*, pero los obreros son pocos	(Lucas 10:1-16)
El *Hijo Prodigo*	(Lucas 15:11-32)
La mujer que busca la *dracma perdida*	(Lucas 15:8-10)
El *campo ya esta blanco* para la siega	(Juan 4:35)
Mis ovejas me oyen y me siguen	(Juan 10:3,7,9,25-27)
"Alimenta mis ovejas"	(Juan 21:15-17)
"¿Encienden los hombres una *vela* y la ponen debajo de un almud?"	(3 Nefi 12:14-16; Mateo 5:14-16; Lucas 11:29-36)

EL NOMBRE DE CRISTO

PARÁBOLAS

La comida que a vida eterna permanece	(Juan 6:26-27)
El Pan de Vida	(Juan 6:31-58)
La luz del mundo	(Juan 8:12; Juan 12:46)
El agua de vida	(Juan 4:10-24; 7:32-38)
La resurrección y *la vida*	(Juan 11:25-26)
El camino, la verdad, y la vida	(Juan 14:6)

OFRENDAS

Dad lo que es del Cesar (lo que es del mundo) al Cesar, y lo que es de Dios a Dios	(Mateo 22:15-22)
Los talentos fueron repartidos entre los siervos	(Mateo 25:14-30)

OTROS

La fe es como *un grano de mostaza*	(Mateo 17:14-21; Marcos 4:30-32; Lucas 13:18-19)

PELICULAS

Preguntas Comunes: ¿Podemos ver películas clasificadas R?; ¿Qué películas debemos ver?; ¿Por qué debemos preocuparnos acerca de las películas que vemos?

"Les aconsejamos, hombres jóvenes, que no contaminen sus mentes con materia tan degradante, ya que la mente la cual actúa como un filtro para estas cosas nunca volverá a ser la misma después. **No vean películas clasificadas R** o videos vulgares ni participen en ningún entretenimiento que sea inmoral, sugestivo, o pornográfico..." -Pte. Ezra Taft Benson (Wright, citado del *Ensign*, Mayo 1986, p.45)

"No me sorprende que el Presidente Benson nos

PELICULAS

haya aconsejado a nosotros, como miembros de la Iglesia, que evitemos las peliculas clasificadas R o X. Aún así hay muchos que van a las películas clasificadas R. Creo que realmente no han creído al Presidente de la Iglesia, y ese es un negocio peligroso. Para mí, incluso algunas de las recomendadas para todos los público o las no recomendadas para menores de 13 años son cuestionables." -Gene R. Cook (Wright, citado de *13 Lines of defense*: Living the law of chastity, Audio Tape, Deseret Book.)

"En demasiadas películas al héroe se le permite solucionar las cosas por medio del crimen hasta el punto de llegar a bromear con ello, o llegar a decir que no tenía otra, o al terminar la película llegar a mostrar una mínima virtud que tapa el peor de los pecados." -Ezra Taft Benson (Wright, citado del *Improvement Era*, Dic. 1994, p. 168)

EL PLAN DE FELICIDAD

Preguntas Comunes: ¿Qué quiere decir el Plan de Felicidad?; ¿Cuáles son las diferentes partes del Plan de Felicidad?; ¿Cómo puedo seguir el Plan?

El plan del Creador completo	(2 Nefi 9:6)
El Plan de Dios	(2 Nefi 9:13)
El Plan de Redención	(Alma 12:32)
Dios preparo un plan de redención	(Alma 34:16, 22:13; DyC 42:13)
El Plan de Salvación	(Moisés 6:62)

VE LA PROXIMA PAGINA
PARA EL PLAN DE SALVACION

EL PLAN DE FELICIDAD

a.m. farnsworth, Misión Ecuador Quito, 12 Ago 94 revisada
10 de abril 2000), reproducido por Adrian P. Cañi

GRAN PLAN DEL DIOS ETERNO: ALMA 34:9, 42, 41, 76 DC
TRES GLORIAS; 1 COR 15:40-42; 76 DC 98-98

CONSEJO EN EL CIELO - GRAN PLAN DEL DIOS ETERNO PRESENTADO
-AGENCIA: ALMA 34:9-10, PGPM 3:23-28, ALMA 12:27-36;
FUNDACIÓN DEL MUNDO PGPM 5:57, JOB 38:4, 1 PEDRO 1:20, ALMA 12:25
CAIDA Y EXPIACIÓN INFINITA N° 2, 6-12, JN 6: 51, 10:15; 11:25
VIDA ETERNA - FAMILIAS ETERNAS
TITO 1:2, JUAN 17: 3; MAT 16:19; DC 132:5-6, 19; 130:20-21; 82:10

HIJOS ESPIRITUALES DE ELOHIM (DIOS)
ACTOS 17:29, JOB 38:7, JER 1:5, ROM 8:29, EFESIOS 1:4

GUERRA EN EL CIELO
LC 10:18, JST REV 12:7-12, ISA 14:12, 17, JN 2:17

LUCIFER-FUERZA
PGPM 4:1, 3-4

JEHOVÁ - AGENCIA
PGPM 4:2

GLORIA CELESTIAL
DC 76:50-70
PARA EJERCER LA AGENCIA
DEBEMOS TENER:
1 - LEYES
2 - OPUESTOS
3 - CONOCIMIENTO
4 - SIN RESTRICCIONES
PODER DE ELEGIR
2 NEFI 2:14-27

ÁRBOL DE LA VIDA
APOC. 2:7; 22:14
1 NEFI 15:36
DC 6:13; 14:7

ELOHIM-JESUCRISTO
DC 76:62

ESTRECHA ES LA PUERTA Y ANGOSTO EL CAMINO QUE LLEVA A LA VIDA
MAT 7:14
DC 132:19-24
2 NEFI 9:41

EN LA GLORIA CELESTIAL EXISTEN TRES CIELOS O GRADOS DC 131:1

LA VIDA ETERNA
DC 131:2
DC 6:13; DC 14:07
MAT 16:19; 124:93 DC

LOS ÁNGELES MINISTRADORES

LOS ÁNGELES MINISTRADORES

SIN NUEVO Y ETERNO CONVENIO EL ETERNO NO PUEDE AUMENTAR. DC 131:1-4

HIJOS Y HIJAS REBELDES ELIGIERON FUERZA TEMEN AGENCIA APOC 12:04 DC 29:36-41 2 PEDRO 2:4	GENTILES INACTIVOS ACEPTARON EL PLAN DE DIOS ETERNO ALMA 13:4-5	SEMI-ACTIVOS ACEPTARON EL PLAN DE DIOS ETERNO ALMA 134:4-5	SIN APOYO DEL PLAN DE DIOS ETERNO JUAN 10:24-26 ALMA 5:38-39	CASA DE ISRAEL VALIENTES ELIGIERON EL PLAN DE DIOS ETERNO ALMA 13:1-10	APOYO TOTAL DEL PLAN DE DIOS ETERNO JUAN 10:14-15, 27-28 DC 29:7; 138:55-56	LLAMAMIENTOS ORDENACIONES SACERDOCIO PGPA 2:7-12, GÁL 3:6-29 DC 84:33-35

EL BAUTISMO DE AGUA Y ESPÍRITU SANTO JUAN 3:5

LA EXPIACIÓN DE JESUCRISTO
2 NEFI 2:8-9
HECHOS 4:12
2 NEFI 25:20
HEL 14:15-18

GLORIA TERRESTRE
DC 76:71-86
DC 76:91-97

JESUCRISTO
DC 76:77-78

GLORIA TELESTIAL
DC 76:81-85, 88-89
1 COR 6:9-10
DC 76:98-106, 109-112
2 NEFI 9:28-38
ALMA 11:41-42
ALMA 12:16-18

ESPÍRITU SANTO
DC 76:86-87

LOS QUE PERDIERON SU PRIMER ESTADO
JUDAS 1:6

NO LLAMAMIENTOS NO ORDENACIONES NO SACERDOCIO
ALMA 13:4-5
DC 82:10

LOS QUE MANTIENEN SU PRIMER ESTADO TENDRÁN SEGUNDO
PGPA 3:26; DC 93:33-35

ANCHA ES LA PUERTA Y ESPACIOSO EL CAMINO QUE LLEVA A LA DESTRUCCIÓN
MAT 7:13 DC 132:25

PLAN TAIMADO DEL MALIGNO
ALMA 28:13
2 NEFI 9:28

PRIMER MUERTE ESPIRITUAL
ALMA 42:9, PGPM 5:10-11, DC 29:41-42

ALMA 34:31-35; 2 COR 6:2

POR MEDIO DE LA EXPIACIÓN Y LA GRACIA DE JESUCRISTO
(ALMA 34:8-14; MOSIAH 3:16-21) Y NUESTRA PROPIA
FE(HEB 11:1;JUAN 20:29;ALMA 32:21;ETER 12:12-22)
OBEDIENCIA, OBRAS, (HEB 5:8-9;SANTIAGO 2:14-26;TITO 1:16)
CONVENIOS, y ORDENANZAS,JEREMIAS 31:31-33;HECHOS 3:25;
DC 22:1-4) RECIBIMOS LA GLORIA QUE PODEMOS TOLERAR

GLORIA CELESTIAL - DC 88:18-20
ARREPENTIDO DEL MUNDO ALMA 7:14-16; DC 76:50-70
GUARDARON LOS MANDAMIENTOS MOSIAH 18:8-9
VALIENTES EN SUS TESTIMONIOS DC 76:81-82

GLORIA TERRESTRE - DC 88:21-22
LAS PERSONAS BUENAS DEL MUNDO QUE NO SE
ACEPTARON EL BAUTISMO DC 76:71-76, JN 3:3-7; 2 N 9:23
NO VALIENTES EN SUS TESTIMONIOS DC 76:79

GLORIA TELESTIAL - DC 88:23
MALOS DEL MUNDO DC 76:81-85, 109-112

SIN GLORIA - DC 88:24
LUCIFER Y HIJOS DE PERDICIÓN DC 88:24

P
A
R
A
Í
S
O

M
U
E
R
T
E
M
O
R
T
A
L

LUCAS
29:42
ALMA
40:21
2 COR
12:4

↑
P
R
I
S
I
Ó
N
↑

1 PED 9:19
ISA 42:6-7
DC 74:73
ALMA 40:21

MAÑANA DE LA PRIMERA RESURRECCIÓN (CELESTIAL)
DC 133:54-55
DC 43:18
DC 88:96-98
APOC 20:4-6
2 NEFI 9:13
1 TESA 4:16-17

LA TARDE DE PRIMERA RESURRECCIÓN (TERRESTRIAL)
DC 88:99; 76:71-88

MILENIO DC 29:11; APOC 20:1-7

JUICIO FINAL
DC 20:11-15; ALMA 12:12-15
2 NEFI 9:14-16 ALMA 41:3-4, 7
RESTAURACIÓN
ALMA 41:2-15; HEL 12:24;14:31

SEGUNDA RESURRECCIÓN (TELESTIAL)
(HIJOS DE PERDICIÓN)
DC 88:100-102
DC 76:102-106

LA MUERTE TEMPORAL ES LA TUMBA.
LA MUERTE ESPIRITUAL
INFIERNO ENTREGARA SUS ESPIRITUS CAUTIVOS Y LA TUMBA ENTREGARA SUS CUERPOS CAUTIVOS PARA RESTAURAR UNA AL OTRO, POR EL PODER DE LA RESURRECCIÓN DEL SANTO DE ISRAEL.
2 NEFI 9:10-12
2 NEFI 10:24-25
ALMA 11:41-45
1 COR 15:21-25
APOC 20:12-13
ALMA 40:22-26

SALVACIÓN INDIVIDUAL
2 N 26:7

CADA UNO NECESITA RECIBIR LUZ ESPIRITUAL, ARREPENTIR COMPLETAMENTE, PAGAR EL PRECIO DE SUS PECADOS, Y LUEGO JUZGADOS PARA LOS GRADOS DE GLORIA CORRECTOS, SEGÚN SUS OBRAS
2 N 26:7, 9-10
DC 138:57-59
ALMA 13:1-6
ALMA 42:12, 14-15, 22-30
ETER 3:13-20
MOSIAH 16:1-8

LA MUERTE ESPIRITUAL SE VA A ECHAR FUERA DE LA PRESENCIA DEL SEÑOR
1-MORIR EN CUANTO A LAS COSAS JUSTOS Y DEL ESPIRITU.
2-LOS HIJOS ESPIRITUALES DEL PADRE CELESTIAL QUE NO RESPONDEN A
IMPRESIONES ESPIRITUALES Y ESTAN EN CONTRA DE LAS COSAS DEL ESPIRITU, SE
CONSIDERAN MUERTOS HASTA QUE PUEDEN RECIBIR LA LUZ ESPIRITUAL
3-LOS SERES ESPIRITUALES NUNCA MUEREN.

ESTADOS DE LA MUERTE ESPIRITUAL
A. SIN CUERPOS FISICOS (LUCIFER - SUS ANGELES) DC 29:34-38; 76:25-29
B. SIN BAUTIZAR (MORTALES)   DC 29:40-47; JUAN 14:15-23
C. PRISION (ESPIRITUS DESENCARNADOS)   ALMA 40:13-14
D. HIJOS DE PERDICIÓN (SERES RESUCITADOS) ALMA 12:16-18

ECLES 12:7
ROM 5:22
ALMA 11:42

SEGUNDA MUERTE ESPIRITUAL
DC 76:32-38; 43-49

SIN GLORIA
LUCIFER, SUS ANGELES Y
HIJOS DE PERDICIÓN
APOC 20:14 1 NEFI 15:33-35
HEL 14:18   2 NEFI 9:16

PARTES ESENCIALES DEL "GRAN PLAN DE DIOS ETERNO" -DISPOSICIONES PARA SUPERAR LA LEY ROTA DE LA CAÍDA
1-PLAN DE LIBERACIÓN-UN SALVADOR QUE ENTREGA DE LA MUERTE UNIVERSAL Y TEMPORAL. 2 NEFI 9:11-12; 11:5-7; PS 56:13
2-PLAN DE REDENCIÓN - UN SALVADOR PARA REDIMIRNOS DE LA MUERTE ESPIRITUAL INDIVIDUAL ALMA 12:25-32; 34:16; 42:6-23; COL 1:14
3-PLAN DE MISERICORDIA-LA MISERICORDIA DEL SALVADOR Y GRACIA NECESARIA PARA SATISFACER LA JUSTICIA
  ALMA 42:15, 23-24, 26; 34-17; LUC 1:50; TITO 3:1-7
4-PLAN DE FELICIDAD- TIEMPO DE PROBAR, DONDE EL HOMBRE PUEDE RECUPERAR RENACIMIENTO ESPIRITUAL. ALMA 42:1-10, 16
5-PLAN DE SALVACIÓN -SANTIFICACIÓN PARA LOS MIEMBROS OBEDIENTES DEL REINO 3N 27:19-21; MORO 10:32-33; DC 20:29, 31
6-PLAN DE RESTAURACIÓN -REQUISITO DE JUSTICIA: DEVOLVER EL BIEN POR EL BIEN, MAL POR AL 41:12-15; 42:27-28 HEL 14:31; MAT 5:7

PROFETAS

PROFETAS

Preguntas Comunes: ¿Qué es un profeta?; ¿Por qué necesitamos profetas?; ¿Ven los profetas a Dios?; ¿Existen los profetas hoy en día?; ¿Quién es el profeta de la Iglesia SUD?; ¿Han sido cumplidas las profecías de la Biblia?; ¿Cómo podemos distinguir entre un profeta verdadero y uno falso?; ¿Cuáles han sido los profetas en esta dispensación?; ¿Qué les pasa a aquellos que rechazan a los profetas?

LA IMPORTANCIA

Donde no hay visión, la gente perece	(Proverbios 29:18)
*Dios añade más por medio de sus profetas	(Jeremías 36:30-32)
*Los profetas reciben revelación de Dios	(Amos 3:7)
La Iglesia de Cristo está FUNDADA POR REVELACIÓN DE DIOS	(Mateo 16:13-19)
*No hay otra formación	(1 Corintios 3:10-11)
¿Por qué los profetas profetizan?; el don de lenguas	(1 Corintios 14:26-33)
*Los profetas **edificados como formación** para la Iglesia	(Efesios 2:19-22)
*Pablo y los apóstoles y profetas reciben revelación	(Efesios 3:3-5)
Los profetas y apóstoles **aclaran la confusión**	(Efesios 4:11-14)
Apóstoles ven a Jesucristo	(Romanos 9:1-2)

NO LOS RECHACE

PROFETAS

Necesitamos recibir a los profetas	(Mateo 10:40-41)
Os mando profetas, pero *vosotros los rechazáis*	(Mateo 23:34)
Diréis que es un falso profeta, aunque sea verdadero por causa de vuestra iniquidades	(Helamán 13:25-27)
No rechacéis la revelación	(Mormón 9:7-10)
Aquel que *niega la revelación* no conoce a Cristo	(Mormón 9:8)

FALSOS PROFETAS

**450 *falsos profetas en contra de un profeta verdadero*	(1 Reyes 18:22-23, 27, 37-40)
*Como diferenciar a un falso profeta; se cumplirán las profecías acerca de un profeta verdadero	(Jeremías 28:9; Deuteronomio 18:20-22)
Falso profeta, Ananías	(Jeremías 28:10-11)
Cuidado, falsos profetas pueden engañar y mostrar señales y maravillas	(Mateo 24:24-28)

EN LOS ÚLTIMOS DÍAS

Ha habido profetas **desde antes y sin cesar	(Jeremías 26:5; 3 Nefi 15:6)
Profetas **después de Cristo**	(Hechos 11:27-28)
Dos profetas en los últimos días serán asesinados, pero se levantaran después de tres días y medio	(Apocalipsis 11:3-12)

PROFETAS

*Apóstoles y profetas **en los últimos días** (Apocalipsis 18:20)

El profeta *Moroni restaurará* el evangelio sempiterno (El Libro de Mormón) (Apocalipsis 22:6-9)

CUMPLIMIENTO DE LAS PROFECÍAS DE LOS ÚLTIMOS DÍAS

Profecía acerca de las ENFERMEDADES DE LOS INICUOS (posiblemente enfermedades de transmisión sexual, etc) (DyC 45:31-32)

Profecía acerca de la *Guerra Civil* Americana (DyC 87:1)

OTROS

Pedro como *la autoridad presidente* de la iglesia (Hechos 11:2-18)

El Padre de Gloria *os de revelación* (Efesios 1:17-18)

El ESPÍRITU DE PROFECÍA (Revelación 19:10)

TIEMPO DE SERVICIO PRESTADO POR LOS PROFETAS MODERNOS

1. José Smith — 14 años, 2 meses
2. Brigham Young — 29 años, 8 meses
3. John Taylor — 6 años, 9 meses
4. Wilford Woodruff — 9 años, 5 meses
5. Lorenzo Snow — 3 años, 1 mes
6. Joseph F. Smith — 17 años, 1 mes

PROFETAS

7. Heber J. Grant	27 años, 6 meses
8. George A. Smith	5 años, 11 meses
9. David O. McKay	18 años, 3 meses
10. Joseph Fielding Smith	2 años, 6 meses
11. Harold B. Lee	1 año, 5 meses
12. Spencer W. Kimball	11 años, 11 meses
13. Ezra T. Benson	8 años, 6 meses
14. Howard W. Hunter	9 meses
15. Gordon B. Hinckley	12 años, 11 meses
16. Thomas S. Monson	Presidente desde Febrero, 2008

(Algunos partes de Staples, Sharisa. "Quorum of the Twelve holds key until prophet is called." The Daily Universe, p.3, 6 Marzo, 1995)

QUETZALCOATL, EL DIOS BLANCO BARBADO

Preguntas Comunes: ¿Existen leyendas indígenas que indiquen la visita de Jesucristo al continente Americano después de su resurrección?; ¿Quién es Quetzalcoatl?; ¿Qué es la leyenda de Quetzalcoatl?

En 1519 un conquistador español, Hernán Cortes, supo acerca de Quetzalcoatl (*Ixrlilxochitl*), el Dios de América. Los indios americanos han tenido muchos dioses a lo largo de su historia, pero Quetzalcoatl ha sido parte de una de las leyendas más antiguas. Muchas tribus indígenas americanas han creído en un dios como Quetzalcoatl, pero han usado varios nombres para identificarlo. La narración escrita de Quetzalcoatl fue publicada por primera vez en español en 1848.

Tollan fue el hogar de Quetzalcoatl, la tierra de los Aztecas (o más propiamente llamados Mexicas, no Aztecas) en México. Su padre, *Tonaca Tecutli*, era un dios, y su madre, *Chimalma*, una virgen. Era alto, de piel blanca,

QUETZALCOATL, EL DIOS BLANCO BARBADO

con barba, y llevaba una vestimenta blanca. Quetzalcoatl significa la serpiente emplumada, que simboliza agua, sabiduría, y conocimiento. Enseñó a los indígenas americanos acerca de la agricultura y la medicina, y les dio un calendario.

De acuerdo con sus creencias, Quetzalcoatl es el creador del mundo y todo lo que hay en él. Después de entrar en el templo de Quetzalcoatl los indígenas podían pasar a ser dioses. Nació durante el año *Ce-Acatl*, y murió ese mismo año de acuerdo con el calendario azteca. [Mucha otra gente de América Central y Sur poseen leyendas similares a la de Quetzalcoatl. Los incas lo llamaban *Viracocha* y los mayas *Kukulcan*. Casi todas estas leyendas se corresponden.] El año *Ce-Acatl* (que marca el comienzo de un nuevo siglo cada 52 años de acuerdo con el calendario mexicano) era el año en el que Quetzalcoatl iba a regresar. *Ce- Acatl* también fué el año en que Hernán Cortés llegó a México. Hernán Cortés vino del este tal como Quetzalcoatl habría de venir. Se parecía mucho a su Dios legendario. De acuerdo con los registros, el pueblo de los Mexicas pudo haber confundido Hernán Cortés con su tan esperado dios, Quetzalcoatl (Braden, Cornelison, Harris, pp.139-150), Honore, Nelson, Thomas).

De acuerdo con el calendario de la gente de *Ixthlxochitl*, casi en el mismo año en que Jesucristo fué crucificado en Jerusalén, ellos experimentaron muchos desastres naturales como los descritos en el *Libro de Mormon*: terremotos, rocas partidas en dos, y "eclipses de sol y de luna" (Ferguson, p.189).

EL RECOGIMIENTO DE ISRAEL

Preguntas Comunes: ¿Cuáles son los nombres de las Doce Tribus?; ¿Cómo se reunirá Israel?; ¿Cómo llegaron los hijos de José, Efraín y Manases ha obtener la primogenitura?; ¿Cuáles son las bendiciones prometidas a las doce tribus de Israel?

EL RECOGIMIENTO DE ISRAEL

Nombre de las tribus de Israel: Rubén, Simeón, Leví, Judá, Isacar, Zebulón, Dan, Neftalí, Gad, Asher, Efraín, Manasés y Benjamín (Israel adopto sus dos nietos Efraín y Manasés, hijos de José)	(Génesis 29:32-30:24)
La primogenitura de Efraín	(Génesis 48:5-22; Jeremías 31:9)
Israel (Jacob) bendice a sus hijos	(Génesis 49)
Efraín tiene que restaurar el evangelio en los últimos días	(Deuteronomio 33:13-17)
Rubén, el primer nacido, dá su primogenitura a Efraín y Manases	(1Cronicas 5:1)
Una insignia para el recogimiento de Israel	(Isaías 5:26)
"Uno por uno"	(Isaías 27:12)
El recogimiento de Jerusalem	(Jeremías 3:17)
Muchas personas son injertadas	(Mateo 3:9-10, 8:10-12; Jacob 5; Romanos 11)
Todos somos hechos uno (en propósito); no prejuicios raciales	(Gálatas 3:28)
Aquellos bautizados son los hijos de Dios	(Gálatas 3:26-29)
"De las cuatro esquinas"	(1 Nefi 22:25)
Efraín llevará a cabo la predicación del evangelio sempiterno	(DyC 133:30-37)

EL RECOGIMIENTO DE ISRAEL

Moisés dá las llaves del recogimiento de Israel a José y Oliverio (DyC 110:11)

"Creemos en la congregación literal del pueblo de Israel" (Art. De Fe 10)

LA RESTAURACIÓN

Preguntas Comunes: ¿Fué la restauración profetizada en la Biblia?; ¿Por qué necesita el mundo una restauración del evangelio?; ¿Qué es lo que fué restaurado de nuevo?; ¿Cuándo sucedió la restauración?

La Montaña de la Casa del Señor será restaurada en los últimos días	(Isaías 2:2-3)
Una obra maravillosa y un prodigio	(Isaías 29:13-14)
Judá y José *restablecerán el convenio del Señor*	(Ezequiel 37:15-28)
Elías restaurará todas las cosas	(Mateo 21:42-42)
*El Evangelio es quitado de entre los judíos, pero será restaurado por los *gentiles*, otra nación	(Mateo 21: 42-43)
*Jesús dijo que todavía no era el tiempo para la restauración	(Hechos 1:6-8)
Habrá visiones, profecías y **maravillas antes de la segunda venida**	(Hechos 2:17-20)
*LA RESTAURACIÓN DE TODAS LAS COSAS	(Hechos 3:20-21)

134

LA RESURRECCIÓN

Muchos *no creerán* la obra y la restauración aunque un hombre se lo declare	(Hechos 13:40-41)
*Israel es cegado hasta que la plenitud *es dada a los gentiles*	(Romanos 11:25)
*En la dispensación del CUMPLIMIENTO DE LOS TIEMPOS reunirá todas las cosas en una	(Efesios 1:10)
El Libro de Mormón es restaurado *por Moroni*	(Apocalipsis 14:16-17)
José Smith *testificó acerca de la restauración con su sangre*	(DyC 135:3; Hebreos 9:16-17)

LA RESURRECCIÓN

Preguntas Comunes: ¿Qué es la resurrección?; ¿Resucitó Cristo?; ¿Resucitaremos?; ¿Por qué necesitamos una resurrección?; ¿Quién vio a Jesucristo después de haber resucitado?; ¿Qué pasa con la reencarnación?; ¿Sólo resucitarán los fieles?; ¿Cómo es posible la resurrección?

DE JESUCRISTO

Job 14:12 es confuso, vea en Apocalipsis 20:11-14 así como en otras referencias de esta sección.

Jesús profetiza acerca de su resurrección	(Mateo 16:21, 17:22-23; Marcos 8:31, 9:30-32; Lucas 9:21-22, Lucas 9:43-45)
Dos ángeles anuncian la resurrección de Cristo	(Mateo 28:2-8; Marcos16:5-8; Lucas24:2-7)
Las dos Marías ven al Cristo resucitado	(Mateo 28:9-10; Marcos 16:9)

LA RESURRECCIÓN

Los discípulos no creen	(Marcos 16:10-11; Lucas 24:9-11)
Cristo se aparece a sus discípulos en el camino a Emaús	(Lucas 24:13-32)
*Un cuerpo de **ESPÍRITU NO TIENE CARNE**; come un pez y de un panal de miel	(Lucas 24:36-44)
Simón ve al Señor después de la resurrección	(Lucas 24:34)
María Magdalena ve al Cristo resucitado	(Juan 20:1-7)
Jesús dice que *todavía no ha ascendido al Padre*	(Juan 20:11-18)
Tomás no cree; no estaba allí	(Juan 20:24-25)
Después de ocho días, los discípulos ven a Cristo otra vez; Tomás está presente	(Juan 20:26-29)
Cristo se aparece a Sus discípulos en el mar de Tiberias	(Juan 21:1-14)
Es visto por 500 hermanos	(1 Corintios 15:5-8)
*Jesús es visto en Palestina durante 40 días después de su entierro	(Hechos 1:1-3)
Visto en América	(3 Nefi 11)

DE OTROS

"Tus muertos vivirán; sus cadáveres resucitarán"	(Isaías 26:19)

LA RESURRECCIÓN

*Las tumbas fueron abiertas, resucitados los cuerpos de los santos, y se aparecieron a muchos	(Mateo 27:52-53)
La *resurrección de vida o de condenación*	(Juan 5:28-29)
La **resurrección sucede en diferentes veces** dependiendo en el grado de gloria	(1 Corintios 15:22-26, 40-41)
La **primera resurrección**; la resurrección de los justos	(1 Tesalonicenses 4:13-17)
No reencarnación; morimos sólo una vez	(Hebreos 9:27; Alma 11:45)
La **última resurrección**; la resurrección de los inicuos; el infierno entregará sus espíritus cautivos	(Apocalipsis 20:5-13)
Tanto *los pecadores como los justos* resucitarán	(Alma 11:44; Hechos 24:14-15)
El cuerpo es restaurado a su *perfecta forma*	(Alma 40:23)

REVELACIÓN

Preguntas Comunes: ¿Qué es revelación?; ¿Quién puede recibir revelación?; ¿Por qué Dios nos revela cierta cosas?; ¿Cómo recibimos revelación?

"Sin profecía el pueblo se desenfrena."	(Proverbios 29:18)
"Pedid, y se os dará."	(Mateo 7:7)
La Iglesia de Cristo está *edificada sobre* la revelación que viene de Dios	(Mateo 18:13-19)

REVELACIÓN

El *Espíritu Santo* os enseñará todas las cosas	(Juan 14:26)
Hay *muchas voces* en el mundo	(1 Corintios 14:10)
No rechacéis la revelación	(Mormón 9:7-10)
Aquel que niega la revelación *no conoce a Cristo*	(Mormón 9:8)
Dios revelará y edificará cuando estemos *abiertos a recibir revelación*	(DyC 50:20-22)
Si recibimos *confusión, entonces no es de Dios*	(DyC 50:31)
Recibiremos *más y más* revelación hasta que seamos perfectos	(DyC 93:27-28)

"La salvación no puede venir sin revelación; es en vano que alguien predique sin ella"
(*Enseñanzas de José Smith*, p.142.- citado de *History of the Church*, 3, p.389).

SACERDOCIO

Preguntas Comunes: ¿Qué es el sacerdocio?; ¿Cómo puede una persona tener el sacerdocio?; ¿Cuál es el propósito del sacerdocio?; ¿Quién puede tener el sacerdocio?

ESTRUCTURA DE

*Creado después del orden de Melquisedec	(Salmos 110:4)
Las asignaciones de los diáconos, maestros, presbíteros y elders	(DyC 20:38-67)

SACERDOCIO

Las diferencias entre el sacerdocio Aarónico y el de Melquisedec	(DyC 107)
La manera en la cual **honrar el sacerdocio**	(DyC 121:34-46)

RESTAURACIÓN DE

José Smith recibe el Sacerdocio de Aarónico	(DyC 13)
José Smith recibe el Sacerdocio de Melquisedec	(DyC 27:12)

LA IMPORTANCIA DE LA AUTORIDAD

El sacerdocio está bajo el orden de Aarón o de Melquisedec	(Éxodo 28:1, 4)
Predica no por precio	(Isaías 45:13)
** "No puede un hombre recibir nada si no le fuere dado del cielo"	(Juan 3:27)
** "Te elegí"	(Juan 15:16)
*La autoridad para predicar es esencial	(Romanos 10:15)
**Nadie toma para si la honra sino el que es llamado por Dios	(Hebreos 5:4-6)
Aún Jesús fue un sumo sacerdote después del **orden de Melquisedec	(Hebreos 6:20)
*Las escrituras no son de interpretación privada	(2 Pedro 1:20-21)
"No has de mandar a el que está a la cabeza"	(DyC 28:6)

SACERDOCIO

La revelación viene a aquel que tiene la autoridad	(DyC 43:2-7)

EL JURAMENTO Y CONVENIO DEL SACERDOCIO
I. El convenio
    1. La parte del hombre
        a. Magnificar su llamamiento en el sacerdocio
        b. Guardar los mandamientos
        c. Vivir toda la palabra de Dios
        d. Andar en la senda de la justicia y la virtud
    2. La parte de Dios: Dar exaltación y divinidad

II. El Juramento:
"El Juramento es una solemne atestiguación de la Deidad, su promesa jurada, que aquellos que cumplan su parte del convenio saldrán y heredarán todas las cosas, de acuerdo con la promesa" (*Doctrina Mormona*, p. 480)

SANIDADES
VER TAMBIÉN MILAGROS- MILAGROS DE JESÚS
Preguntas Comunes: ¿Cómo una persona es sanada?; ¿Por qué se unge con aceite de oliva?; ¿Cuál es el simbolismo del uso del aceite puro de oliva?

Los israelitas usaron aceite PURO DE OLIVA para quemar sus lámparas	(Éxodo 27:20)
Jesús fué sanando a todos los enfermos	(Mateo 4:23)
Ellos ungieron CON ACEITE	(Marcos 6:13; Santiago 5:14)
El padre de Publio es sanado por Pablo	(Hechos 28:8)

SANIDADES

NO SOLICITEN; se les administra a aquellos que lo piden (DyC 24:13-14)

NOTA: En la antigüedad el Jardín de Getsemaní fué un lugar donde se prensaban las olivas. Fue aquí donde Cristo fué pisoteado tanto física como espiritualmente; donde sudó sangre por cada poro y voluntariamente pagó el precio por nuestros pecados. El sabor original del aceite de oliva antes que ser prensado es amargo. Si uno prueba el aceite después de haber sido prensado de la oliva, el sabor es dulce. La presión cambia el sabor amargo a uno dulce. Imagínate la escena del jardín. Jesús tomó para sí todos los pecados amargos del mundo y fué literalmente prensado en cuerpo y espíritu. Después de la expiación, el Señor borró los pecados amargos y nos ofreció misericordia. Esta analogía añade un significado simbólico a la razón por la que utilizamos aceite puro de oliva como instrumento sanador. Simboliza pureza. Cura una enfermedad amarga y hace una recuperación dulce.

LA SANTA CENA

VEASE TAMBIÉN ORDENANZAS DEL SACERDOCIO
Preguntas Comunes: ¿Qué es la Santa Cena?; ¿Qué simboliza la Santa Cena?; ¿Por qué participamos de la Santa Cena regularmente?; ¿Por qué usamos agua en vez de vino?

La *última Cena*	(Mateo 26:26-30)
*Cualquiera que participe de su carne y de su sangre tendrá *vida eterna*	(Juan 6:50-58)
El primer día de la semana	(Hechos 20:7)
***Simbolismo** de la Santa Cena	(1Corintios 11:20-29)

LA SANTA CENA

Jesús también participó durante la ultima cena	(1Corintios 11:25)
Las *oraciones*	(Moroni 4-5; DyC 20:75-79)
La Iglesia se debe reunir a menudo para *participar*	(DyC 20:75)
*No importa lo que toméis, si lo hacéis sinceramente	(DyC 27:2)

"Creemos que la Santa Cena no es literalmente el cuerpo y la sangre de nuestro Señor; en otras palabras, no creemos en la doctrina de la transubstanciación." -Elder George Albert Smith
(Conference Report 1908, Abril:36)

"...Si una persona que no es miembro de la Iglesia, está en una congregación, no le prohibiremos el participar de [la Santa Cena], pero adecuadamente le advertiremos que la Santa Cena es para renovar los convenios"
(*Enseñanzas de Spencer W. Kimball*, pp.220, 226-227)

LA SEGUNDA VENIDA DE JESUCRISTO

Preguntas Comunes: ¿Cuándo será la segunda venida?; ¿Sabe alguien el tiempo de la segunda venida?; ¿Cómo será la segunda venida?; ¿Qué eventos predecirán la segunda venida de Cristo?

El vendrá en los últimos días	(Job 19:25)
El "vendrá con fuego"	(Salmos 50:3-4)
"El corazón del hombre se ablandará.... la tierra saldrá de su lugar"	(Isaías 13:6-14)
Destrucción	(Amós 9:13-15)
El Hijo vendrá en Gloria	(Mateo 16:27; 25:31)

LA SEGUNDA VENIDA DE JESUCRISTO

Ningún hombre sabe el día ni la hora	(Mateo 24:36)
*Vendrá como el diluvio de Noé	(Mateo 24:37-39)
La parábola de las diez vírgenes	(Mateo 25:1-13)
Ni Cristo ni los ángeles saben la hora, solo el Padre lo sabe	(Marcos 13:32)
El vendrá como ladrón en la noche	(2Pedro 3:10)
Todo el mundo verá cuando él venga	(Apocalipsis 1:7)
Guerra de Armagedón, 50 millas al norte de Jerusalén, tendrá lugar justo antes de que Cristo llegue; las islas huirán y las montañas no serán halladas	(Apocalipsis 16:14-21)
Necesitamos estar preparados	(DyC 1:12)
"En mi propio y debido tiempo"	(DyC 43:29)

José Smith dijo que antes de la segunda venida "Judá debe volver, Jerusalén debe ser reconstruida, el templo y el agua debajo del templo debe de salir, y las aguas del mar muerto sanadas... guerras y rumores de guerras, señales en los cielos... terremotos en varios lugares, los limites de los mares se desbordarán... El Hijo del Hombre vendrá como señal de la venida del Hijo del Hombre, el cual será como la luz de la mañana saliendo del este"
(*Joseph Smith's Teachings*, p.86- citado en *History of the Church*, 5, p.336).

LA TRINIDAD

LA TRINIDAD

Preguntas Comunes: ¿Porqué la Doctrina de la Trinidad es falsa?; ¿Son el Padre, El Hijo y el Espíritu Santo personas distintas?; ¿Cómo pueden ser los tres seres un sólo Dios?; ¿Cómo puede Cristo ser el Padre y el Hijo?; ¿Quién es el mejor de la Trinidad?

El bautismo de Jesús cuando Dios habla como un personaje separado	(Mateo 3:15-17)
Jesús le habla a Dios en el Jardín de Getsemaní	(Mateo 26:39-42)
Dios el Padre es el mejor	(Juan 14:28)
*Dios y Jesucristo son uno en propósito, pero no en persona	(Juan 17:20-22)
Jesús todavía no había ascendido a su Padre	(Juan 20:17-18)
El Espíritu Santo, Jesús y Dios son seres físicamente separados	(Hechos 7:55)
*Nota: Para ayudar a aclarar el hecho de ser uno en propósito, pero no en cuerpo: Nosotros somos **"un cuerpo"** en la Iglesia de Cristo	(Romanos 12:4-5)
Hay tres personas en la Divinidad	(1 Juan 5:7)
La razón por la que Cristo frecuentemente es llamado el Padre y el Hijo	(Mosiah 15:1-5)

TEMPLOS, LA OBRA DEL TEMPLO

Preguntas Comunes: ¿Por qué usamos templos?; ¿Cuál es el propósito de la asistencia al templo?

TEMPLOS, LA OBRA DEL TEMPLO

La cima de una montaña puede representar un templo	(Éxodo 24:12; Hechos 7:30; Mateo 17:2)
El templo es **un lugar de refugio**	(Isaías 4:5-6)
Los prisioneros serán soltados de la prisión	(Isaías 42:7)
Pedro recibe el poder de sellar	(Mateo 16:19)
Recibimiento de convenios así como los profetas antiguos	(Lucas 24:49; DyC 95:8-9)
Pablo ora en el templo y recibe revelación	(Hechos 22:17)
El tema del templo: Conocer a Cristo	(Filipenses 2:8-11)
Continúe y no cese la obra del temple	(DyC 127:4)

"[Miembros de la Iglesia] deben guardar las cosas sagradas y ser indiferentes a las opiniones de otros, y con el ojo fijo a la gloria de Dios"
(*Joseph Smith's Teachings*, pp.26-27-citado de *History of the Church*,2,p.317)

111 ESCRITURAS RELACIONADAS CON EL TEMPLO; PIENSE EN SU SIGNIFICADO

1. Nombre Nuevo	(DyC 130:10-11; Apocalipsis 2:17)
2. Tres grados de Gloria	(1Corintios 15:38-42)
3. Nombres en el Reino Celestial	(DyC 88:2)
4. Mansión con Dios	(Juan 14:2)
5. *Reyes y Sacerdotes para Dios	(Apocalipsis 1:6)

TEMPLOS , LA OBRA DEL TEMPLO

6. El templo de Salomón	(1Crónicas 22:5-7, 11,14-17,19)
7. Los judíos van a Jerusalén a construir un temple	(Ezra 1:3)
8. Mosiah construye un temple	(Mosiah 1:18)
9. La montaña de la casa del Señor	(Isaías 2:2-3)
10. Dios creó la tierra, vida y al hombre	(Moisés 2)
Todas las cosas fueron creadas espiritualmente primero; se crearon primero el hombre y la mujer	(Moisés 3)
*El diablo tentó a Eva y la muerte entra en el mundo	(Moisés 4)
*Los primeros hijos; el sacrificio a Adán; el evangelio es predicado desde el principio	(Moisés 5) (Moisés 2-5)
11. Los Dioses (incluyendo los nobles y grandes) planean la creación de la tierra y toda vida; los 6 días de la creación	(Abraham 4)
Los Dioses terminar el plan de la creación; la creación de su plan	(Abraham 5) (Abraham 4-5)
12. Investidos en el templo así como Lucas 24:49-53 y Hechos 1:4	(DyC 95:8-9)
13. La transfiguración; Pedro, Santiago, y Juan reciben llaves especiales del sacerdocio y posiblemente sus propias investiduras	(Mateo 17:1-12)

TEMPLOS, LA OBRA DEL TEMPLO

14. A Pedro se le da poder de unir la tierra	(Mateo 16:18-20)
15. Términos y condiciones de los convenios	(DyC 132:7-14)
16. Los corazones de los niños vuelven a sus padres; historia familiar; Espíritu de Elías (Figurativamente: El Espíritu de Elías es realmente el Espíritu Santo tocándonos, por supuesto)	(Malaquías 4:5-6)
17. Elías devuelve las llaves del sellamiento	(DyC 27:9; 11:13-16)
18. *Fueron bautizados por los muertos	(1Corintios 15:29)
19. 12 bueyes sujetan la vasija para lavar	(1Reyes 7:21-25;2 Crónicas 4:2-4;Jeremías 52:20)
20. La Montaña del Señor antes del Milenio	(Miqueas 4:1-2)
21. Ordenanzas sagradas; unciones, lavamientos, bautismo por los muertos, asambleas solemnes, revelaciones, investiduras	(DyC 124:39-41)
22. El mensajero del convenio para preparar para la segunda venida	(Malaquías 3:1)
23. Ninguno son salvos excepto que sus gármenes son blancos	(Alma 5:21)
24. *Gármenes blancos y la cabeza ungida	(Eclesiastés 9:8)
25. Gármenes sagrados de Aarón	(Éxodo 28:4)

TEMPLOS, LA OBRA DEL TEMPLO

26. Las túnicas de pieles de Adán y Eva (Genesis 3:21)

27. "El que venciere será vestido de vestiduras blancas" (Apocalipsis 3:5)

28. Se les dieron vestiduras blancas a cada uno de ellos (Apocalipsis 6:11)

29. Los doce Apóstoles recibieron gármenes blancos (1 Nefi 12:9-10)

30. El hombre es salvo cuando su vestidura esta lavada en blanco (Alma 5:21)

31. Se les manda a los hijos de Israel poner "franjas" en sus vestiduras para *recordarles los mandamientos de Dios* (Números 15:37-41)

32. "Seréis *como Dios*" (Génesis 3:5)

33. Para llegar a ser *como dioses* (Salmos 82:6)

34. "Yo dije, *dioses sois*" (Juan 10:34-36)

35. "Entonces *serán dioses*" (DyC 132:19-23)

36. Sentados conmigo en *mi trono* (Apocalipsis 3:21;5:12)

37. El *matrimonio celestial es el camino* (DyC 131:1-4)

38. Los muertos fueron juzgados por los registros que se llevan en el cielo y en la tierra (DyC 128:6-9; Apocalipsis 20:12)

39. Jacob es ahora un dios (DyC 132:36-38)

40. "Me vistió con vestiduras de salvación" (Isaías 61-10)

41. "Bienaventurado el que vela y guarda sus ropas" (Apocalipsis 16:10)

TEMPLOS, LA OBRA DEL TEMPLO

42. "Las *cosas secretas* pertenecen a Jehová nuestro Dios" (Deuteronomio 19:19)

43. "Su comunión íntima es con los justos" (Salmos 3:32)

44. El convenio del *sacerdocio sempiterno* (Números 25:13)

45. Entrad en *convenios* con el Señor vuestro Dios (Deuteronomio 29:12)

46. "Hice *pacto* con mi escogido" (Salmos 89:3)

47. "Haré con ellos *pacto perpetuo*" (Isaías 61:8)

48. "Haré *nuevo pacto* con la casa de Israel" (Jeremías 31:31)

49. "Y acordarse de su *santo pacto*" (Lucas 1:72)

50. "Camino de Sión...juntémonos a Jehová con *pacto eterno*" (Jeremías 50:5)

51. "A fin de que mi pueblo *del convenio* se congregue como uno" (DyC 42:36)

52. Se *usan símbolos en ordenanzas* para representar la expiación (Mosíah 13:30-33)

53. *Nuevo Pacto*; sacrificio de Cristo (Hebreos 7:10)

54. *Símbolo de Cristo*; todos murieron por Adán y todos vivirán por Cristo (Números 21:8-9; Juan 3:14-25)

55. Aquel que crea será *bendecido con señales* (DyC 68:9-13)

56. **La unción* que habéis recibido (1 Juan 2:27)

TEMPLOS , LA OBRA DEL TEMPLO

57. "Seréis *investidos con poder*" (DyC 38:32)

58. "...lo vestiré de tus vestiduras...lo ceñiré de tu talabarte...entregaré en sus manos tu potestad...pondré la llave de la casa de David (*Sacerdocio; llaves selladoras*) sobre su *hombro*...abrirá y nadie cerrará...cerrará, y nadie abrirá...*clavo en lugar firme*...asiento de honra;" Eliakim es el Mesías (Isaías 22:20-25)

59. "Ten más cuidado desde ahora en adelante, de observar *los votos*" (DyC 108:3)

60. El convenio sempiterno y *santuario en los últimos días* (Ezequiel 37:23)

61. La forma del *templo; ordenanzas* (Ezequiel 43:11)

62. El convenio con Noé; "Y dijo Dios: esta es la señal del pacto que yo establezco entre mí y vosotros" (Génesis 9:12)

63. "Al que *venciere,* yo lo haré columna en el templo de mi Dios" (Apocalipsis 3:12)

64. "Le daré que se siente conmigo en *mi trono*, así como yo he vencido" (Apocalipsis 3:21)

TEMPLOS , LA OBRA DEL TEMPLO

65. "Vendrá súbitamente a su templo el Señor, y el ángel del pacto,...*los hijos de Leví* ....traerán a Jehová ofrenda en justicia" (Malaquías 3:1-3)

66. Cristo es el mensajero del convenio (Con Adán todo el hombre muere, pero en Cristo todos serán salvos) (Juan 3:7)

67.* "Hombres santos, participando del llamamiento sagrado, considerando los APÓSTOLES y los SUMOS SACERDOTES de nuestra profesión, Cristo Jesús" (Hebreos 3:1)

68. * "Aquello que fué formado en el principio,... nuestras manos pueden sobrellevarlo... nuestra relación es con el Padre, y con su Hijo Jesucristo" (1 Juan 1:1-3)

69. *(La Palabra de Dios es Cristo) Armados en "caballos blancos, vertidos con lino fino, blancos y limpios... REY DE REYES, Y SEÑOR DE SEÑORES" (Apocalipsis 19:13-16)

70. Un velo para separar el lugar santo del lugar santísimo (Éxodo 26:33)

71. La palabra de Dios se mantiene segura (2 Timoteo 2:9)

TEMPLOS, LA OBRA DEL TEMPLO

72. "Cuando el Señor le haya probado a fondo, y encuentre que el hombre está determinado para servile por grande que sea el riesgo, entonces el hombre encontrará su llamamiento y la elección será segura; en este momento será su privilegio recibir el otro Consolador" (El otro consolador es Cristo) -José Smith (Enseñanzas del Profeta José Smith, pp. 149-151)

73. Abraham "Construyó un altar para el Señor" (Genesis 12:8)

74. "Abracen mi pacto... les daré un nombre eterno" (Isaías 56:4-5)

75. "Dios: oyó mi voz desde su santo templo" (Salmos 18:6)

76. "Dos hombre subieron al templo a orar" (Lucas 18:9-14)

77. "Una casa, aún una casa de oración" (El Templo) (DyC 88:119)

78. Jesús, apóstoles y profetas van creciendo para ser el santo templo del Señor (Efesios 2:20-21)

79. "Recibir una corona de gloria... para que él te exalte" (1 Pedro 5:4,6; DyC 59:2)

80. "Sellados por el Santo Espíritu de la promesa. en aquellas manos con las que el Padre nos ha dado todas las cosas... son sacerdotes y reyes... del Más Alto Dios... son dioses... sobrellevarán todas las cosas." (DyC 76:53-60)

TEMPLOS, LA OBRA DEL TEMPLO

81. El nuevo y sempiterno convenio traerá Vida Eterna; condiciones	(DyC 132:4-14)
82. Uno necesita una esposa para tener vida sempiterna (vida eterna)	(DyC 132:19-24)
83. Nefi recibe el poder sellador	(Helamán 10:7)
84. "Lávame y seré mas blanco que la nieve"	(Salmos 51:7)
85. La ordenanza del lavamiento de los pies	(DyC 88:139)
86. "Convenios... tendrán vida eterna"	(Mosiah 26:20)
87. El hombre es a la imagen de Dios	(Génesis 1:26)
88. El hombre fué formado del polvo	(Abraham 5:7)
89. El Señor lo mandó y fueron creados	(Salmos 148:5)
90. "Dios, el que crea todas las cosas por medio de Jesucristo"	(Efesios 3:9)
91. "Por quien asimismo hizo el universo"	(Hebreos 1:2)
92. "Fueron acabados los cielos y la tierra y todo el ejército de ellos"	(Génesis 2:1)
93. "Que nos dejase un remanente libre, y para darnos un lugar seguro en su santuario"	(Esdras 9:8)
94. Pablo oró en el temple	(Hechos 22:17)
95. "Pon mi dedo en la impresión del clavo"	(Juan 20:25, 27-28; DyC 6:37)

TEMPLOS, LA OBRA DEL TEMPLO

96. Ellas cogió la fruta de allí y la comió	(Génesis 3:6; Moisés 4:12)
97. Los ojos de ellos fueron abiertos y ellos supieron	(Génesis 3:7)
98. Así como en Adán todos mueren, en Cristo todos serán vivificados	(1Corintios 15:22)
99. La Expiación por todos desde la Caída	(Mosíah 4:7)
100. Predicaron... redención del ser humano desde la Caída	(DyC 138:19)
101. "Ellos horadaron mis manos y mis pies"	(Salmos 22:16)
102. "¿Qué heridas son estas en tus manos?"	(Zacarías 13:6)
103. "Yo hice la tierra y cree sobre ella al hombre"	(Isaías 45:12)
104. "Deja que Dios te levante de la muerte eterna por el poder de la expiación"	(2 Nefi 10:25)
105. "Si cayeren el uno levantará a su compañero"	(Eclesiastés 4:10)
106. "O Sión, ponte tu hermosa investidura"	(Isaías 52:1)
107. "Vístete tus ropas hermosas... fortalece tus estacas... no se confundan más los convenios... venid a Cristo... en el convenio del Padre"	(Moroni 10:31-33)
108. "Examinadlo todo; retened lo bueno"	(Tesalonicenses 5:21)
109. "Cuando él es probado, recibirá una corona de vida"	(Santiago 1:12)

TEMPLOS , LA OBRA DEL TEMPLO

110. "Adán fué hecho alma viviente" por el espíritu (1 Corintios 15:45-46)

111. La espaldilla derecha porque es carnero de consagración (Éxodo 29:22)

LA VIDA PREMORTAL

Preguntas Comunes: ¿Existíamos antes de nuestro nacimiento?; Si la respuesta es positiva, ¿Dónde estuvimos?; ¿Qué es lo que hacíamos antes de venir a este mundo?

*Hijos de Dios defendieron el *plan de salvación* (Job 1:6)

*Los hijos de Dios gritaron de alegría antes de que el mundo fuera (Job 38:4-7)

*El espíritu volverá al Dios que lo creó (Eclesiastés 12:7)

Jeremías, el profeta, fué llamado **antes de nacer** (Jeremías 1:4-6)

*El hombre bajó del cielo (Juan 3:13)

Los discípulos preguntaron quién pecó antes de esta vida, él o sus padres (Juan 9:2)

El hombre fue preordinado y llamado antes de esta vida (Romanos 8:29-30)

MIEMBROS DE LA IGLESIA FUERON PREORDINADOS (Efesios 1:11)

La preordinación de los Sumos Sacerdotes antes de esta vida (Alma 13:1-9)

Fuimos escogidos y recibimos nuestras primeras clases en el mundo de los espíritus (DyC 138:55-56)

LA VIDA PREMORTAL

Las inteligencias del mundo premortal, los grandes y nobles ayudaron en la creación (Abraham 3:22-26)

EL ESPÍRITU DEL HOMBRE

Existíamos como espíritus antes que el mundo fue creado (Proverbios 8:22-31)

"El espíritu del hombre que está en él" (1Corintios 2:11)

"Glorificad a Dios en vuestro cuerpo, y en vuestro espíritu los cuales son de Dios" (1 Corintios 6:20)

El hombre es un espíritu eterno (DyC 93:33)

VISIONES

Preguntas Comunes: ¿Qué es una visión?; ¿Por qué tiene la gente visiones?; ¿Quién ha tenido visiones?

Dios habla a Israel (Jacob) en una vision (Genesis 46:2-4)

Sin visión "la gente padece" (Proverbios 29:18)

Daniel interpreta el sueño de Rey Nabucodonosor: historia del mundo y el establecimiento del Reino de Dios el cual permanecerá para siempre en los últimos días (Daniel 2)

Daniel vio al Señor en una vision (Daniel 10:7-21)

VISIONES

Elías, Moisés, y Juan el Bautista aparecen a Pedro, Santiago y Juan	(Mateo 17:1-15)
En los últimos días "hombres jóvenes verán visiones"	(Hechos 2:17-20)
Pedro y Juan fueron sacados de la prisión por un angel	(Hechos 5:19)
Pablo ve a Jesús	(Hechos 9:3-8)
Obedece tus visions	(Hechos 26:19)
"No os olvidéis de la hospitalidad, porque por ella algunos, sin saberlo, hospedaron ángeles"	(Hebreos 13:2)

VISITAS DE ANGELES

VEASE TAMBIEN VISIONES

Preguntas Comunes: ¿Recibió la gente en la Biblia visitas de ángeles?; ¿Han dejado los ángeles de visitar la tierra?

Dos ángeles van a *Sodoma*	(Génesis 19:1)
La voz de un ángel habló a *Hagar*	(Génesis 21:17)
"El querubín fue mostrado con alas. Por supuesto no hay ángeles (querubines incluidos) que tengan alas. Su uso en estos casos era simbólico; tal como con ciertas bestias vistas por Juan en visión, la presencia de alas era 'una representación de poder para moverse, para actuar, etc. (ver DyC 77:4)." -Bruce R.	(1 Reyes 6:23-30)

VISITAS DE ANGELES

McConkie (*Doctrina Mormona*, p.125)

Un profeta de Bet-el vio un ángel	(1 Reyes 13:18)
Un ángel despierta a *Elías*	(1 Reyes 19:5)
Un ángel le muestra a *Zacarías* el destino del templo	(Zacarías 1:9-17)
Ángeles ministran a Jesús en *el monte*	(Mateo 4:11)
Pedro, Santiago y Juan ven a Moisés, Elías, y Juan el Bautista	(Mateo 17:3)
El ángel Gabriel (*Noé*) se aparece a Zacarías	(Lucas 1:19-20)
María ve a dos ángeles en *la tumba*	(Juan 20:11-12)
Un ángel ayuda a Pedro y a Juan a escapar de la prisión	(Hechos 5:19-20)
Un ángel ayuda a liberar a *Pedro*	(Hechos 12:7-10)
Un ángel se aparece a *Pablo*	(Hechos 27:23-25)
"No os olvidéis de la hospitalidad, porque por ella algunos, sin saberlo, hospedaron ángeles."	(Hebreos 13:2)
Profecía acerca del ángel *Moroni* trayendo el *Libro de Mormón*	(Apocalipsis 14:6)
Jacob vio un ángel	(Jacob 7:5)
Ángeles no han cesado de ministrar	(Moroni 7:5)

VISITAS DE ANGELES

Juan el Bautista se aparece a José Smith y a Oliverio Cowdery	(DyC 13)
Pedro, Santiago, y Juan se aparecen a José Smith y a Oliverio Cowdery	(DyC 27:12)
Moisés, Elías, y Elías el profeta se aparecen a José Smith y a Oliverio Cowdery	(DyC 110:11-13)
Muchos ángeles (Miguel, Gabriel, Rafael) se aparecen a José Smith	(DyC 128:21)
Como reconocer que un ángel es enviado de Dios: Si le ofreces la mano y puedes sentir como el te da la suya, significa que tiene un cuerpo físico y es de Dios. Si es un espíritu justo no te dará la mano. Si es un espíritu malo, intentará darte la mano, pero no sentirás nada.	(DyC 129:4-9)

EL DIABLO COMO UN ANGEL

El diablo puede aparecerse como un ángel de luz	(2 Corintios 11:13-15; Moisés 5:12-13)
El diablo se apareció a Korihor como si fuera un ángel	(Alma 30:52-53)
Satanás se apareció como si fuera un ángel	(DyC 128:20)

PARTE II INSPIRACIÓN

ADVERSIDAD

Preguntas Comunes: ¿Cuál es el propósito de la adversidad?

"El hombre *nace para la aflicción*"	(Job 5:7)
No estéis desanimados; elevad a otros	(Proverbios 12:25)
Podéis tener *paz en Dios*, aunque en le mundo tengáis tribulación	(Juan 16:13)
Ser salvos por medio de mucha *tribulación*	(Hechos 14:22)
La tribulación te **dará paciencia, experiencia, y esperanza**	(Romanos 5:3-6)
Dios no tienta con lo malo, la gente se deja llevar por su propia lascivia	(Santiago 1:13-15)
Existe la *oposición* en todas las cosas	(2 Nefi 2:11)
Tu adversidad sera *por un sólo momento*	(DyC 121:7-8)
"Si las puertas mismas del infierno se abren de par en par...te servirán de experiencia, y serán para tu bien."	(DyC 122:7-8)
"Sean **probados en todas las cosas**"	(DyC 136:31)

AMIGOS

Preguntas Comunes: ¿Cómo sabes quien es un amigo verdadero?; ¿Quién debe ser nuestro amigo?

AMIGOS

No contéis sus secretos	(Proverbios 11:13)
Aquel que tiene cosas en contra de un amigo *aparta al amigo*	(Proverbios 17:9)
Estarán ahí **en bien y en mal**	(Proverbios 17:17)
"El hombre que tiene amigos **ha de mostrarse amigo**"	(Proverbios 18:24)
"Cuando cayere *tu enemigo no te regocijes*, y cuando tropezare, no se alegre tu corazón"	(Proverbios 18:24)
"El que *reprende* al hombre, hallara después mayor gracia que el que lisonjea con la lengua"	(Proverbios 28:23)
Saludad a aquellos que no conocéis	(Mateo 5:46-47)
No os burléis de vuestro amigo o hermano	(Alma 5:30-31)
Moroni *se quedó solo* y sin amigos	(Mormón 8:5)

AMOR

Preguntas Comunes: ¿A quién debemos amar? ¿Qué significa amar?

"El que cubre la falta busca amistad"	(Proverbios 17:9)
La Regla de Oro: Como queráis los hombres que hagan con vosotros, así	(Lucas 6:31)

AMOR

también haced vosotros con ellos	
"Jesús lloró" por amor hacia Lázaro el cual estaba muerto	(Juan 11:35-36)
"Nadie tiene mayor que éste, que uno ponga su vida por sus amigos"	(Juan 15:13)
No vengarse	(Romanos 12:17)
"El amor no hace mal al prójimo"	(Romanos 13:10)
"Porque no nos ha mandado Dios el espíritu de cobardía, sino de poder, de amor y de dominio propio"	(2 Timoteo 1:7)
"Porque el Senor al que ama disciplina"	(Hebreos 12:6)
Sufre y ten paciencia	(Santiago 5:11)
No vengarse	(1 Pedro 3:9)
Muestra amor por medio de hechos	(1 Juan 3:18)
Dios es amor	(1 Juan 4:8)
"Amados, si Dios nos ha amado así, debemos también amarnos unos a otros"	(1 Juan 4:11)
Da tu viejo abrigo al pobre	(DyC 84:105)

CHISMEAR

Preguntas Comunes: ¿Qué hay de malo con chismear un poco?; ¿Qué causa el chismeo?

Dile sus faltas en privado, a solas	(Mateo 18:15-17)

CHISMEAR

Los atenienses chismeaban y no hacían otra cosa	(Hechos 17:21)
No murmuréis	(2 Corintios 12:20)
No os mordáis los unos a los otros con palabras	(Gálatas 5:14-15; 1 Pedro 3:10)
Todo lo que hicieron fue chismear en otras casas	(1 Timoteo 5:13)
"La lengua es un fuego, un mundo de iniquidad"	(Santiago 3:6)
No murmures en contra de tu hermano	(Santiago 4:11)

COMUNICACIÓN

Preguntas Comunes: ¿Como se supone que debemos hablar?; ¿Condena Dios el lenguaje profano?

No tomes el nombre de Dios en vano	(Éxodo 20:7)
"La blanda respuesta quita la ira"	(Proverbios 15:1)
Hablad la palabra a su tiempo	(Proverbios 15:23)
"No conviene al necio la altilocuencia; cuanto menos al príncipe el labio mentiroso"	(Proverbios 17:7)
"El que guarda su boca y su lengua, su alma guarda de angustias"	(Proverbios 21:23)
"Manzana de oro con figuras de plata, es la palabra dicha como conviene"	(Proverbios 25:11)
No tener comunicación corrompida, solo tened buena comunicación	(Efesios 4:29)

COMUNICACIÓN

Deja la comunicación inmunda	(Colosenses 3:8)
"Evita profanas y vanas palabrerías"	(2 Timoteo 2:16-17)
Refrena la lengua	(Santiago 1:26)
No digas palabrotas	(Santiago 5:12; Mateo 5:34-37; 3 Nefi 12:34-37; Salmos 34:13; 1 Pedro 3:10)
No digas nombres	(Mateo 5:22; 3 Nefi 12:22-24)
Dí "Hola" a la gente	(Mateo 5:46-47)
Habla con lenguaje el cual es manso y **edificante**	(DyC 52:16-17)

CONVERSACIÓN

Preguntas Comunes: ¿Que significa ser convertido?; ¿Como uno llega a convertirse al evangelio?

"Pecadores se convertirán a tí"	(Salmos 51:13)
Algunos fueron completamente convertidos	(Isaías 24:6)
Corazones endurecidos previenen la conversion	(Mateo 13:15)
"Una vez convertido, convierte a tus hermanos"	(Lucas 22:32)
"Arrepiente y se convertido"	(Actos 3:19)
Testimonio de Alma, el Sumo Sacerdote	(Alma 4:19; 5:44-45)
El espíritu convierte en contra de tradiciones débiles	(Alma 17:9-11)

EDUCACIÓN

Preguntas Comunes: ¿Es importante el conseguir una educación?; ¿Cómo aprendemos?

EDUCACIÓN

"Los insensatos desprecian la sabiduría y la enseñanza"	(Proverbios 1:7)
"Camino a la vida es guardar la instrucción"	(Proverbios 10:17)
La sabiduría es mejor que el oro	(Proverbios 16:16)
La corrección hace al hombre	(Proverbios 22:15)
"En su propia opinión *el perezoso es mas sabio* que siete que sepan aconsejar"	(Proverbios 26:16)
"*El que reprende* al hombre, hallara después mayor gracia que el que lisonjea con la lengua"	(Proverbios 28:23)
"Línea sobre línea"	(Isaías 28:9-10, 13)
"No seáis niños en el modo de pensar"	(1 Corintios 14:20)
Debemos *crecer* en el conocimiento de Dios	(Colosenses 1:9-11)
El maestro y el estudiante deben ser *iguales*	(Alma 1:26)
"La *Gloria de Dios* es la inteligencia"	(DyC 93:36)
Los que tengan conocimiento tendrán *ventaja* en la vida venidera	(DyC 130:18-19)
"Es imposible que un hombre se salve en la *ignorancia*"	(DyC 131:6)

EJEMPLO

Preguntas Comunes: ¿Cómo podemos ser buenos ejemplos?; ¿Por qué son los ejemplos tan importantes?

EJEMPLO

"Pero yo y mi casa serviremos a Jehová"	(Josué 24:15)
"Oirá el sabio, y aumentará el saber, y el entendido adquirirá consejo"	(Proverbios 1:5)
"La senda de los justos es como la luz de la aurora"	(Proverbios 4:18)
Deje que brille tu *luz*	(Mateo 5:16; 3 Nefi 12:16)
El *ejemplo de servicio de Jesús*; lavando los pies (el lavamiento de pies también es una ordenanza del evangelio)	(Juan 13:13-17)
Jesús es nuestro ejemplo	(Juan 14:6; 1 Timoteo 1:16; 1 Pedro 2:21; 2 Nefi 31:4-7)
"Los que anuncian el evangelio que vivan del evangelio"	(1 Corintios 9:14)
Nefi tuvo que dar ejemplo a sus hermanos mayores	(1 Nefi 7:8)
No deis un mal ejemplo	(Jacob 2:35; Alma 39:11)
Si todo hombre fuera como el *capitán Moroni*	(Alma 48:17)
Seguid el ejemplo de Cristo	(3 Nefi 27:21)

ESCUCHANDO

Preguntas Comunes: ¿Por qué es importante escuchar antes de responder?

"El que refrena sus labios es prudente"	(Proverbios 10:19)
"El que ahorra palabras tiene sabiduría"	(Proverbios 17:27-28)

ESCUCHANDO

Escucha antes de responder	(Proverbios 18:3)
Escucha a las palabras de Dios	(Marcos 4:23-24)
Los de Dios reciben su palabra	(Juan 8:47)
"Pronto para oír, tardo para hablar, tardo para airarse"	(Santiago 1:19)

ESPERANZA

Preguntas Comunes: ¿Qué es esperanza?; ¿Cómo podemos tener esperanza?; ¿En qué debemos tener esperanza?

Una persona sin esperanza necesita nutrición spiritual	(Proverbios 13:12)
Tened **esperanza en el Señor**	(Jeremías 17:7)
El Señor es nuestra esperanza	(Joel 3:16)
Esperanza es esperar por algo que no se ha visto	(Romanos 8:24-25; Alma 32:21)
Paciencia y las escrituras nos traen esperanza	(Romanos 15:4)
Conservad vuestra esperanza en el evangelio	(Colosenses 1:23)
Tened esperanza en Cristo	(1 Timoteo 1:1)
"Fe es la sustancia de las cosas que esperamos"	(Hebreos 11:1)
Esperanza es un ancla para el alma	(Hebreos 6:19)
Esperanza de vivir con Dios	(Éter 12:4)
Tener esperanza en la expiación	(Moroni 7:41)

ESPIRITUALIDAD

Preguntas Comunes: ¿Cómo podemos llegar a ser más

ESPIRITUALIDAD

espirituales?

Lo siguiente fue sacado del manual del Nuevo Testamento:

A. Un Sumario Escriptural de Como se puede obtener mayor espiritualidad

DEBEMOS CONOCER AL PADRE Y AL HIJO PARA DISFRUTAR DE LA VIDA ETERNA

LEAN

Juan 17:3, DyC 132:24

APRENDEMOS DEL PADRE CONOCIENDO A CRISTO

LEAN

Juan 5:19,30
Juan 8:19,28,29
Juan 14:6-9

CONOCEMOS A CRISTO HACIENDO LO QUE NOS ENSEÑO Y SIGUIENDO SU EJEMPLO

LEAN

1 Juan 2:3-6
DyC 93:1

ESE CONOCIMIENTO NOS PERMITE RESISTIR HASTA EL FINAL

LEAN

2 Nefi 31:16

B. La Meta: Conocer a Cristo en una manera real, personal para tener una asociación mas cercana

[1.] Aprender todo lo que podamos acerca de él

[2] ... ¿Que haría Jesus?...

C. El ejercicio espiritual trae el poder necesario... sólo si ejercitas positivamente experiencias espirituales como una parte íntegra de tu diario vivir.

1. Una resolución diaria para seguir el ejemplo de Cristo. Comprométete al principio de cada día a emular la vida del Salvador 2 Timoteo 1:8

2. Un Programa Organizado de Estudio [20-30 min]

ESPIRITUALIDAD

por día de estudio del evangelio]

2 Timoteo 3:14-16

3. Oración diaria. No menos que cada mañana y noche... (Mateo 6:6)

4. Servicio Diario (Mateo 10:39)

2 Timoteo 3:17 y Tito 3:8, 14

5. Ayunando. En ocasiones de especial importancia

D. Entonces viene la confirmación del Espiritu . . . (Mateo 16:16,17).[Saber que Jesús es el Salvador.] [Recibirás el] "poder de sanidad" (DyC 84:21), con ese conocimiento se te dará poder espiritual.

(*La Vida y Enseñanzas de Cristo y sus Apóstoles*, pp. 378-379)

FAMILIA

Preguntas Comunes: ¿Qué constituye una familia?; ¿Por qué son las familias tan importantes?

Presta atención a la instrucción de tu padre	(Proverbios 15:5)
"Mejor es la comida de legumbres donde hay amor, que de buey engordado donde hay odio"	(Proverbios 15:17)
Un hijo sabio halaga a sus padres	(Proverbios 15:20)
Un hijo necio apena a sus padres	(Proverbios 17:25)
Los hijos del hombre justo son bendecidos	(Proverbios 20:7)
"*Instruye* al niño en su camino, y aun cuando fuere viejo no se apartara de el"-Noche de Hogar	(Proverbios 22:6)

FAMILIA

Quizás uno deba olvidarse de la familia y convertirse en un discípulo	(Mateo 10:34-39; Lucas 14:26)
Evitad las deudas	(Romanos 13:7-8)
Juntos en el Señor	(1 Corintios 11:11-12)
El marido es el cabeza del hogar; los maridos deben amar a sus esposas	(Efesios 5:22-25)
"Hijos **obedeced** en el Señor a vuestros padres porque esto es justo"	(Efesios 6:1)
Las **responsabilidades de cada persona** en la familia	(Colosenses 3:18-21)
"Si alguno no *provee* para los suyos...es peor que un incrédulo"	(1 Timoteo 5:8)
Se les enseña a los niños a *no contender ni a reñir*. "Les enseñareis a andar por las vías de la verdad y la seriedad"	(Mosíah 4:13-15)
Sus madres les enseñaron bien el evangelio	(Alma 56:47-48)
Orad en vuestras familias	(3 Nefi 18:18-21)
Una analogía de *un hogar SUD* en el medio de las tormentas del mundo	(Éter 6:5-7)
Proveed para vuestras esposas e hijos; riesgo de perder la confraternidad	(DyC 83:2-4)

Ver: *"La Familia-Una Proclamación para el Mundo"* presentada por el Pte. Gordon B. Hinckley el 23 de Septiembre de 1995 durante la Reunión General de la Sociedad de Socorro

FELICIDAD

FELICIDAD

Preguntas Comunes: ¿Cómo podemos ser felices?

Tener equilibrio en la vida	(Proverbios 11:1)
Se alegre	(Proverbios 15:13)
"El corazón alegre constituye buen remedio; mas el espíritu triste seca los huesos"	(Proverbios 17:22)
Debes olvidar tu vida anterior y encontrar la nueva	(Mateo 10:39)
"Tened buen ánimo"	(Hechos 27:22)
¿Habéis recibido su imagen en vuestros rostros?	(Alma 5:14,19)
"El hombre debe prepararse para encontrarse con Dios"	(Alma 12:24; 34:32)
El amor puro de Cristo nos ayuda a volver a Dios	(DyC 93:11-20)
"Si estás triste, clama al Señor... tu alma se regocije"	(DyC 136:29)

Tres claves para una persona feliz:
Tener un hobby
Ser spiritual
Tener gratitud
(Tomado de un Programa de Radio)

IRA

Preguntas Comunes: ¿Es la ira algo malo?; ¿Cómo se pueden controlar sentimientos contenciosos?

Odio despierta rencillas   (Proverbios 10:12)

IRA

"**La soberbia** concebirá contienda"	(Proverbios 13:10)
"El que fácilmente se enoja hará locuras"	(Proverbios 14:17)
"El que tarda en airarse es grande en entendimiento"	(Proverbios 14:29)
Da una blanda respuesta	(Proverbios 15:1)
"Mejor es el que **tarda en airarse** que el fuerte"	(Proverbios 16:32)
"El hermano ofendido es más tenaz que una ciudad fuerte"	(Proverbios 18:19)
Jesús miró a los fariseos con ira porque tenían el corazón duro	(Marcos 3:5)
Cuando Cristo encontró a los cambistas de monedas vendiendo en el templo, dio un azote de cuerdas para controlar su ira	(Juan 2:14-16)
Hubo desacuerdo entre los apóstoles	(Hechos 15:38-39)
No tengan idolatría, hechicerías, enemistades, celos, pleitos	(Gálatas 5:20-23)
"No guardar rencor"	(Santiago 5:9)
Jesús dice que debemos evitar el espíritu de contención	(3 Nefi 11:28-30)
La caridad no se irrita fácilmente	(Moroni 7:45)
Cuando alguien reprocha, al que se le reprocha naturalmente se ofende	(Moroni 9:4)
Satanás agita sus corazones	(DyC 10:22-26)

"Cuan importante es saber no estar de acuerdo sin tener que ser desagradable"

JESUCRISTO

-Elder Marvin J.Ashton (*Ensign*, Mayo 1978, p. 8)

JESUCRISTO
VEASE TAMBIÉN EXPIACIÓN
Preguntas Comunes: ¿Cuál es el papel de Cristo?

Cristo fue el Cordero Sacrificado y el Sumo Sacerdote	(Juan 1:29; Hebreos 9:20)
"El Padre fue una vez un Cristo y ahora Jesús sigue lo que él hizo"	(Ver Juan 5:19-21)- José Smith (*Enseñanzas del Profeta José Smith*, p. 346)
Conocer a Cristo es conocer al Padre	(Juan 8:19, 14:9)
De la manera que habéis sido enseñados en Cristo Jesús y andad en él	(Colosenses 2:6-13)
No tenía pecado	(1 Pedro 2:21-24)
Jesús es el Hijo de Dios	(1 Juan 4:5)
Cristo es el segundo consolador	(2 Nefi 32:5-6; DyC 67:10)
Fecha de nacimiento de Cristo: 6 de Abril	(DyC 20:1)

JUZGANDO

Preguntas Comunes: ¿Cuándo juzgamos?; ¿A quién debemos juzgar?

No seas tan rápido en juzgar al grande, pero da al pobre	(Mosiah 4:22-6)
"No juzguéis, para no ser juzgados"	(3 Nefi 14:1-5)

JUZGANDO

Serás juzgado de la misma manera que tu juzgas a otros	(Mormon 8:19; Moroni 7:18)
El espíritu te guiará para juzgar justamente	(DyC 11:12)
El sumo sacerdocio esta asignado a juzgar	(DyC 102:2)
"Los que claman transgresión lo hacen porque son siervos del pecado"	(DyC 121:16-18,20-21)

"No miraré la maldad de ninguno,
Persuadiré a todos los hombres con lo bueno,
Sabiendo que sólo en Dios
yace el juicio de todos los vivientes,
Y él recompensará
a cada hombre con lo que se merece"
(*THE DEAD SEA SCRIPTURES*, p. 138 Manual of Discipline, cols, x-xi)

LIBRE ALBEDRÍO

Preguntas Comunes: ¿Por qué nos da Dios el libre albedrío?; ¿Como podemos usar nuestro libre albedrío?

Hay una bendición, *si obedeces*	(Deuteronomio 11:27)
"*Escoged hoy* a quien servir"	(Josué 24:5)
El engaño es una diversión para el insensato	(Proverbios 10:23)
Jesús no buscó su *propia voluntad*	(Juan 5:30)
Hacer lo bueno *hace libre*	(Juan 8:33-36)
Los *sumos sacerdotes* escogieron lo bueno	(Alma 13:3)

LIBRE ALBEDRÍO

El mal espíritu y el buen espíritu nos inducen, pero nosotros actuamos por nosotros mismos	(2 Nefi 2:16)
Uno es libre para escoger la *vida eterna o la miseria*	(2 Nefi 2:27)
No somos mandados a hacer todas las cosas, pero debemos escoger aquello que es correcto	(DyC 58:26-29)

"El hombre pudo y lo hizo, pecó en varias ocasiones antes de nacer"
-José Fielding Smith (*The Way to Perfection*, p. 44)

En el albedrío se necesitan cuatro cosas:
Leyes
Oposición
Conocimiento
Poder sin restricción
(*Doctrina Mormona*, p. 26)

LIDERAZGO

Preguntas Comunes: ¿Cómo puedo ser un líder eficaz?

No te niegues a hacer el bien a otro cuando es debido	(Proverbios 3:27)
"Donde no hay dirección sabia caerá el pueblo"	(Proverbios 11:14)
"Por tanto, si tu hermano peca contra ti, ve y repréndele estando tu y él sólos"	(Mateo 18:15-17)

LIDERAZGO

Los santos deben **hermanarse** unos a otros	(Romanos 15:1-6)
Los profetas y apóstoles son la unidad de la fe, "para que no seamos variables"	(Efesios 4:11-14)
Reprende a lo malo	(Efesios 5:11-13)
"Sea vuestra palabra siempre con gracia, sazonada con sal, para que sepáis como debéis responder a cada uno"	(Colosenses 4:6)
"A los que persisten en pecar, repréndelos delante de todos, para que los demás también teman"	(1 Timoteo 5:20)
No trabajes más de lo que tus fuerzas te lo permitan	(Mosiah 4:27)
El ocioso no comerá el pan del trabajador	(DyC 42:42)
"Si tu hermano o tu hermana ofende a muchos, el o ella serán reprendidos ante muchos"	(DyC 42:90)
La línea de autoridad recibe revelación	(DyC 43:2-7)
Delegación	(DyC 84:79)

"Frecuentemente reprendo y amonesto a mis hermanos, porque los amo, no porque deseo incurrir en su desagrado, o en su felicidad"
(*Enseñanzas del Profeta José Smith*, pp.136-137- citado de la *Historia de la Iglesia*, 2,p.478)

MANDAMIENTOS

Preguntas Comunes: ¿Cuáles son los diez mandamientos?; ¿Por qué da Dios mandamientos?

MANDAMIENTOS

LOS DIEZ MANDAMIENTOS

1. "No tendrás otros Dioses delante de mí"
2. "No te harás ninguna imagen"
3. "No tomaras el nombre de Dios en vano"
4. "Acuerdate del día de reposo, para santificarlo"
5. "Honra a tu padre y a tu madre"
6. "No matarás"
7. "No cometerás adulterio"
8. "No robaras"
9. "No hablarás contra tu prójimo falso testimonio"
10. "No codiciaras"
(Éxodo 20:3-4,7-8,12-17; Mosiah 12:35-36,13:12-24)

Ocho de los mandamientos no dicen de no hacer cosas. Los otros dos nos dicen de hacer cosas.

Matan a Uza porque desobedece y toca el arca	(1 Crónicas 13:9-10)
Grandes Mandamientos: Amar a Dios Amar a tu prójimo	(Mateo 22:37-40)
Amarás a tu prójimo al guardar los 10 mandamientos	(Romanos 13:8-10)
Debemos obedecer al Padre así como un niño obedecer a su padre	(Hebreos 12:9)
"Al que sabe hacer lo bueno, y no lo hace, le es pecado"	(Santiago 4:17)
El Señor proveerá una manera para que cada mandamiento sea cumplido	(1 Nefi 3:7)
En el cumplimiento de los mandamientos recibimos remisión de pecados	(Moroni 8:25)

MANDAMIENTOS

No conviene que yo mande en todas las cosas... deben estar anhelosamente consagrados a una causa Buena	(DyC 58:26-29)
Dios esta obligado cuando cumplimos con lo que él dice	(DyC 82:10)
Viviréis de toda palabra que sale de la boca de Dios	(DyC 84:44)
"Ley, irrevocablemente decretada en los cielos... cualquier bendición de Dios, es por causa de bendición a esa ley"	(DyC 130:20-21)
"No sé, pero el Señor me lo mandó"	(Moisés 5:6)

MIEDO

Preguntas Comunes: ¿Cómo podemos vencer el miedo?; ¿Qué efectos tiene el miedo?

"No temas; porque *estoy contigo*"	(Isaías 41:10, 13-14)
Los escribas y los fariseos *temían a Jesús*, y por eso intentaban matarlo	(Marcos 11:18)
"Porque *no nos ha dado* Dios espíritu de cobardía, sino de poder"	(2 Timoteo 1:7)
"*No temeré* lo que me pueda hacer el hombre"	(Hebreos 13:6)
El que está preparado no temerá	(DyC 38:30)

MIEDO

"**No quieren abrir su boca**, (DyC 60:2)
a causa del temor de los
hombres"

"No todos los actos de valor traen...recompensas espectaculares. Pero todos ellos traen paz y contentamiento; al igual que un acto cobarde, al final, *siempre trae remordimiento* y rencor."
-Marion G. Rommey (*Ensign*, Mayo 1975, p.74)

OBRA MISIONAL

Preguntas Comunes: ¿Por qué hacemos obra misional?; ¿Quién debería hacer obra misional?; ¿Cómo deberíamos hacer obra misional?; ¿Quién esta listo para recibir el evangelio?

No seáis negligentes	(Proverbios 10:4)
Deja un buen nombre	(Proverbios 10:7)
No busques escusas; sé fuerte	(Proverbios 20:4)
Sé diligente en saber las necesidades de tus ovejas	(Proverbios 27:23)
Los justos son pocos	(Isaías 24:6)
Encuentra a mis ovejas	(Ezequiel 34:11)
Regocijarse en el rechazo	(Lucas 6:22-23,27)
El **campo está maduro y listo** para la siege	(Juan 4:35; DyC 4)
Tribulaciones preceden a la paciencia	(Romanos 5:3-5)
*Declara el evangelio no por vuestra propia Gloria	(1 Corintios 9:16-18)
"No os canséis de hacer el bien"	(2 Tesalonicenses 3:13)

OBRA MISIONAL

Esté listo siempre para dar una respuesta	(1 Pedro 3:15)
Trabaja diligentemente y persuádelos al arrepentimiento y que sean bautizados	(Jacob 1:7)
Proclama la salvación a cada criatura	(Mosiah 28:3)
Los angeles están preparando a los hijos de Dios	(Alma 13:24)
Ammón es fiel y completa su trabajo	(Alma 18:10)
De **casa en casa**	(Alma 19:17)
Contacto diario	(Alma 21:23)
El rey de los Lamanitas escribe una carta a la ciudad para que Ammón, Aarón, Omner y Himni puedan predicar libremente	(Alma 23:1-4)
Da la gloria a Dios; no te jactes	(Alma 26:11-12)
Ora para tener éxito	(Alma 31:34-35)
Helamán bautiza a miles	(Helamán 3:24-32)
Debe enseñar con prudencia y sin miedo	(Helamán 10:4-5)
Ve la 2nd milla	(3 Nefi 12:41; Mateo 5:41)
Los misioneros convierten por medio de la fe	(Éter 12:12-15)
Una obra maravillosa y un prodigio	(DyC 4:1)
Lo mejor es traer almas a Cristo	(DyC 15:6)
*Cuan grande es tu gozo al traer almas a Cristo	(DyC 18:10-16)

OBRA MISIONAL

Dedica todo tu tiempo a Sión; ten fuerza, se paciente porque tendrás muchas aflicciones	(DyC 24:7-9)
Abre tu boca diciendo arrepiéntete, sé bautizado, y recibirás el Espíritu Santo	(DyC 33:9-11)
Cada miembro es un misionero y debería predicar el evangelio	(DyC 38:40-42)
Ir por medio del Espíritu de dos en dos en mi nombre	(DyC 42:6)
Ve y declara el arrepentimiento, bautizando y dá el Espiritu Santo	(DyC 49:11-14)
Enseña por medio del Espíritu	(DyC 50)
Abre tu boca!	(DyC 60:2)
Misioneros no meteros en las aguas del mar	(DyC 61:14-16; 61:23-24; Apocalipsis 8:10-11)
Abre tu boca y proclama	(DyC 71:1)
El Señor está siempre contigo para sostenerte	(DyC 84:88)
Cada hombre debe proclamar a su hermano	(DyC 88:81; 38:40-41)
Trabaja diligentemente	(DyC 88:84-85)
Predica a cada criatura	(DyC 112:28)
Los justos también continúan predicando después de la muerte	(DyC 138:57)

"Declara los primeros principios, y deja que los misterios a un lado, no sea que acabes derrotado. Nunca te entrometas con las visiones de bestias y temas que no entiendes"
(*Enseñanzas del Profeta José Smith*, p.106-citado de la

OBRA MISIONAL

Historia de la Iglesia, 5,p344).

"Cada miembro que tiene un llamamiento para ministrar a los habitantes del mundo fue ordenado a ese proposito en el Gran Concilio de los cielos antes de que este mundo fuera"
(Ibid,p.132-citado de *La Historia de la Iglesia*, 6,p.363)

INVESTIGADORES DE ORO

Mis ovejas escuchan mi voz	(Juan 10:3,7,9,25-27)
Escuchad y no endurezcan sus corazones	(DyC 29:7)
Recibid mi ley	(DyC 41:5)
Recibid a mis siervos	(DyC 84:36-37)
Conoce su voz	(DyC 84:52)

REFERENCIAS DE NUEVOS CONVERSOS

El padre de **Lamoni da referencias** como nuevo converso. Después de todo ciudades fueron convertidas	(Alma 22,23,24)

ORGULLO

Preguntas Comunes: ¿Cuáles son los efectos del orgullo?; ¿Qué es orgullo?; ¿Cómo puedes guardarte de ser orgulloso?; ¿Cuáles son las características de una persona orgullosa?

Cuando viene la soberbia viene también la deshonra	(Proverbios 11:2)
"Mejor es humillar al espíritu con los humildes"	(Proverbios 16:19)

ORGULLO

"**Altivez de ojos**, y orgullo de corazón...son pecado" (Proverbios 21:4)

"Como nubes y vientos sin lluvia, así es el hombre que se jacta de falsa liberalidad" (Proverbios 25:14)

"**Alábete el extraño, y no tu propia boca, el ajeno, y no los labios tuyos**" (Proverbios 27:2)

"El hombre rico es **sabio en su propia opinión**" (Proverbios 28:11)

"Sabio en sus propios ojos, y prudente en su propia vista!" (Isaías 5:21; Proverbios 12:15-16)

No desees ser el major (Marcos 9:33-35)

La vida del hombre no consiste en la abundancia de los bienes que posee (Lucas 12:15)

"Porque cualquiera que se enaltece, será umillado; y el que se humilla será enaltecido" (Lucas 14:11)

No te ofendas (Lucas 17:1-4)

La PARÁBOLA del orgulloso fariseo y el humilde publican (Lucas 18:9-14)

"**No altivos sino asociados con los humildes**" (Romanos 12:16)

"Porque el que se cree ser algo, no siendo nada, a sí mismo se engaña" (Gálatas 6:3)

"Está envanecido, nada sabe, y delira acerca de cuestiones (1 Timoteo 6:4-5)

ORGULLO

y contiendas de palabras, de las cuales nacen envidias, pleitos, blasfemias, malas sospechas"

Porque somos castigados	(Hebreos 12)
No te jactes de tu propia sabiduría	(Alma 38:1-12)
La gente de Nefi eran ricos, pero no eran orgullosos	(Alma 62:49-51)
Si tu te jactas, caerás	(DyC 3:4)

ORIENTACIÓN FAMILIAR

Preguntas Comunes: ¿Por qué es importante la orientación familiar?

"Sé diligente en conocer el estado de tus ovejas, y mira con cuidado por tus rebaños"	(Proverbios 27:23)
Pablo honra su llamamiento	(Romanos 11:13)
Los fuertes deben soportar las flaquezas de los débiles	(Romanos 15:1-3)
"Cada uno en el estado en que fue llamado, en el se quede"	(1 Corintios 7:20)
Sed hospitalarios; **ministraos los unos a los otros**	(1 Pedro 4:9-10)
Edificad a los débiles	(DyC 84:106-107)
Aprende de tu llamamiento y no seas perezoso o no serás digno	(DyC 107:99-100)

PENSAMIENTOS

Preguntas Comunes: ¿Cómo uno puede mantener los sentimientos limpios?; ¿A dónde pueden llegar tus

PENSAMIENTOS

pensamientos?; ¿Por qué es importante controlar tus pensamientos?

Ten pensamientos justos	(Proverbios 12:5)
Pensamientos débiles son una abominación	(Proverbios 15:26)
"Porque cual es su pensamiento en su corazón, tal es él"	(Proverbios 23:7)
No pienses mal	(Proverbios 24:8-9)
Los pensamientos preceden a acciones	(Lucas 6:45)
Trae todos los pensamientos "a la obediencia de Cristo"	(2 Corintios 10:5-6)
Dios conoce nuestros pensamientos	(Hebreos 4:12-15)
Somos juzgados de acuerdo con los pensamientos y propósitos de nuestro corazón	(DyC 88:109)

"Si tu perfeccionas tu cuerpo, cuidas tu mente. Si renuevas tu cuerpo, tu mente se enbellezará"
(*As a Man Thinketh*, p.37)

PERDÓN

VEASE TAMBIÉN AMOR

Preguntas Comunes: ¿A quién debemos perdonar?; ¿Cómo podemos saber que Dios ha perdonado nuestros pecados?; ¿Cuántas veces debemos perdonar?

La blasfemia en contra del Espíritu Santo es el derramamiento de sangre inocente(Cristo), para lo cual *no hay perdón*. Una analogía: cuando una persona mira hacia el sol y niega que ese sol existe.

PERDÓN

No devuelvas el favor a quien te haya *ofendido*	(Proverbios 24:25)
"Si vuestros pecados fueren como la grana, como la nieve serán emblanquecidos"	(Isaías 1:18)
Hasta siete veces siete (perdonad siempre)	(Mateo 18:21:22)
*PARÁBOLA: El siervo que no perdonó	(Mateo 18: 21-22)
Uno *debe perdonar* para poder ser perdonado	(Marcos 11:25-26)
No busquéis venganza	(Romanos 12:17)
Perdonad aquellos con los que contendéis	(Colosenses 3:13)
El pecado *imperdonable* es el estar dispuestos a "crucificar al Hijo de Dios de nuevo para sí mismos"	(Hebreos 6:4-6)
"Nunca más me acordaré"	(Hebreos 8:12)
Perdonad a otros	(DyC 64:8-11)
Somos perdonados al compartir el evangelio	(DyC 84:61)

PERFECCIÓN

Preguntas Comunes: ¿Qué significa ser perfecto?; ¿Por qué Cristo nos pide que seamos perfectos?; ¿Cómo podemos llegar a ser perfectos?

"El que ahorra sus palabras tiene sabiduría"	(Proverbios 17:27-28)
"¿Quien podrá decir: Yo he limpiado mi corazón, limpio estoy de mi pecado?"	(Proverbios 20:9)

PERFECCIÓN

Cristo fue eternamente perfecto antes de la resurrección	(3 Nefi 12:48 con Mateo 5:48 y Lucas 13:32)

LO SIGUIENTE FUE TOMADO DE LA VIDA Y ENSEÑANZAS DE JESUCRISTO Y SUS APÓSTOLES:
PRINCIPIOS DE **PERFECCIÓN**

1. "El Poder de Alcanzar la Perfección está en Cristo"
La plenitud de la perfección no se alcanza en la mortalidad.
(veáse también *Doctrina del Evangelio*, p.132)
-El es la fuente de poder (Ver Mateo 28:18)
A. "El expío" por nuestros pecados
B. "El nos ayudó" con "la fuerza espiritual que necesitábamos para superar lo malo" (veáse también Moroni 10:32,33; DyC 93:20)
C. "Es nuestro deber ser mejores hoy de lo que eramos ayer" (*Doctrina de Salvación*, 2:18-19)

2. "Los esfuerzos consagrados de los vínculos de la perfección se concentran en un problema especifico" consagrado y "concentrado"
PASOS dados por el Presidente Harold B. Lee:
(*Church News*, 5 de Mayo 1973,p.3)
A. "Identifica cuales son tus debilidades"
B. "Haz una lista"
C. "Cada mañana repasa la lista, particularmente identifica los problemas con los que quieres trabajar ese día"
D. "Esa noche infórmale a El (el Señor) de tu éxito o de tu fracaso" (vease Éter 12:27)
(*La vida y enseñanzas de Jesús y sus Apóstoles*,p.387)

REVERENCIA

Preguntas Comunes: ¿Cuándo deberíamos ser reverentes?; ¿Cómo te comportas cuando eres reverente?; ¿Por qué es importante estar reverente en algunos momentos?

REVERENCIA

"El hombre cuerdo encubre su saber"	(Proverbios 12:23)
"El que guarda su boca y su lengua, su alma guarda de angustias"	(Proverbios 21:23)
"En descanso y en reposo seréis salvos"	(Isaías 30:15)
Algunos no fueron reverentes, por lo que no pudieron presenciar un milagro y fueron despedidos	(Mateo 9:23-24)
Fariseos y sacerdotes "dieron luz" a lo que Jesús habló	(Mateo 22:5)
"Pero gran ganancia es la piedad acompañada de contentamiento"	(1 Timoteo 6:6)
Se reverente, escucha, y no "tomes sus palabras fríamente"	(Mosiah 2:9)
"No tomen todas las palabras al mismo tiempo, sino hable uno a la vez"	(DyC 88:122)

PARTE III RELIGIONES DEL MUNDO

ADVENTISTAS DEL SÉPTIMO DÍA

Preguntas Comunes: ¿Qué es lo que creen otras religiones del mundo?; ¿Cómo podemos saber más acerca de las tradiciones de la gente a la que enseñamos?

La información que se presenta aquí esta sacada de investigación y experiencia. El proposito de estos sumarios no es para degradar otras religiones, pero si dar una breve sinopsis con la intención de familiarizarse con los billones de ideas de los no-SUD los cuales residen y han residido en esta tierra.

ADVENTISTAS DEL SÉPTIMO DÍA

El movimiento adventista se formó en el siglo diecinueve con la ayuda de William Miller, nacido en 1792. Su creencia era que la segunda venida de Cristo había sido predicha para el 22 de Octubre de 1844. Esta profecía era una interpretación de Daniel 8:14 diciendo que 2300 años caerían sobre la tierra en ese año. Cuando esto no sucedió, muchos de los creyentes perdieron la esperanza, pero algunos se quedaron y más tarde formaron la Iglesia Adventista del Séptimo Día en 1861. El fundador mas prominente fue Ellen White. Hoy no tienen una predicción acerca de la segunda venida de Cristo. Tienen una universidad en Michigan llamada Andrews University. Sus oficinas generales están en Washington DC.

Creen que la Biblia contiene suficiente revelación. Creen que entre la muerte y la resurrección la gente no vive en ningún tipo de mundo espiritual, simplemente se quedan en sus tumbas hasta la resurrección.

Los justos no vivirán en la tierra durante el milenio, sino que en el cielo. Los pecadores vivirán en la tierra durante el milenio. Enfatizan que el día de reposo es el sábado, porque no creen que la resurrección de Cristo el domingo cambio este día. Bautizan por inmersión a aquellos que consideran responsables. Aunque enseñan que los miembros deben obedecer los mandamientos, creen en

BAUTISTAS

ser salvos solamente por la gracia. Normalmente son vegetarianos, a no ser que la carne sea la única comida disponible. Aun así, el vegetarianismo no es un requisito para ser miembro. También honran la ley Mosaica que se encuentra en Levítico 11, subrayando aquellos animales que están estrictamente prohibidos para comer. Los miembros no deben ir al cine a menudo, y no deben usar excesivo maquillaje o joyas. Practican un sistema de diezmo.

Las autoridades de la iglesia incluyen un presidente, oficiales, directores, pastores, élderes, diáconos, y diaconisas quienes son escogidos por los miembros. Estudian la Biblia en la Escuela del Sabbath (como la Escuela Dominical, pero en sábado) y después llevan a cabo un servicio que incluye cantar, orar, y la recolección de los diezmos (Seventh-Day Adventist Fact Book).

BAUTISTAS

La Iglesia fue organizada en Amsterdam, Holanda en 1609.

Aseguran que el Nuevo Testamento es la autoridad doctrinal. La Biblia es una parte clave en sus servicios, no es interpretada liberalmente. Cada persona debe encontrar su propia fe. Ellos también participan de la "Cena del Senor" la cual es administrada en parte por Diáconos escogidos por los miembros. El ministro local puede ser un hombre o una mujer. Cada congregación local esta aliada a La Alianza del Mundo Bautista, pero no dependen unos de otros. Los servicios varían de estar bien estructurados a no estarlo. Sus edificios no son altivos y pueden parecer como una casa normal. El interior típico incluirá un púlpito, un instrumento para canción, una mesa en la que tienen la Biblia, y posiblemente un bautisterio (Fowler, pp. 94-96).

BUDISTAS

Siddhatta Gautama, el cual nació en el hinduismo,

BUDISTAS

fue renombrado como Buda y estableció su religión El Budismo. Buda estaba casado. El Budismo esta fechado desde el siglo sexto A.C., pero dice ser establecido en el siglo once A.C.. Fue organizado en India, donde Siddhatta nació, y entonces se esparció por China, Tibet, Japón otros alrededores. Donde quiera que los Budistas han encontrado una pieza del esqueleto de Buda, lo consideran sagrado y lo cubren en la tierra para que quede como un monumento.

El Budismo no tiene una ceremonia matrimonial. Entonces, aquellos que se casan lo hacen de una manera civil. También creen que el matrimonio no es una fuente de felicidad. Consideran que aquello que se casan tienen horóscopos armoniosos.

Muchos budistas creen cosas diferentes y también practican la religión de una manera diferente, pero mencionaré las prácticas que son más comunes.

Esta miriada de creencias quizás resultó de las creencias de la filosofía de Buda que se detallan en doctrinas espirituales que realmente no importan; por ejemplo, detalles en cuanto a las características de los dioses. Buda pensó que era una pérdida de tiempo hacer hincapié en esas doctrinas. Los budistas adoran a su fundador Buda. Tienen muchos símbolos, los cuales se encuentran en muchos ídolos de Buda. Incluyen varias señales y sacudidas, posiciones del cuerpo, y expresiones faciales. Utilizan entre 27 y 108 oraciones. No creen en un creador o en un Dios todopoderoso. Budistas creen en una forma de reencarnación.

Las enseñanzas de Buda se relacionan con los sacrificios de la vida. El explica que todos sufrimos por culpa de nuestros apetitos y deseos, pero si uno puedo superar estos caprichos, el sufrimiento parará. Para poder superar el sufrimiento, uno debe tener también un entendimiento apropiado de la vida, evitar dañar los pensamientos, palabras, y acciones, llevar una vida honesta y evitar lo malo.

También deben seguir la Pancha Sila:

CATÓLICA ROMANA

1. No actúen violentamente o dañen nada que tenga vida.
2. No tomen o pregunten por nada que no sea suyo.
3. No abusar de los deseos sexuales.
4. No utilicen expresiones que hagan daño.
5. No utilicen drogas o alcohol.

Los monjes budistas siguen cinco preceptos adicionales:
6. Solo comer en horas apropiadas.
7. No vayan a actuaciones, llevar maquillaje o joyas cantar o bailar.
8. No utilizar sillas o camas altas
9. No regalar plata.
10. No regalar oro.
(Fowler. pp.250-332)

CATÓLICA ROMANA

La Iglesia Católica empezó alrededor del año 300 DC. El catolicismo es la mayor asociación cristiana. Es más, el cristianismo en general es la religión del mundo más grande con aproximadamente 1.7 billón de creyentes. El Papa es la cabeza de la iglesia y es escogido por los cardenales de cada país. Creen que el apóstol Pedro fundó la iglesia cuando estaba en Roma y que fué el primer obispo.

Los católicos realizan siete sacramentos: bautismo, confirmación, ordenación, comunión, matrimonio, penitencia, y unción. El bautismo limpia el pecado original. Cada niño tiene una madrina y un padrino quienes le guiarán en la fe. En el bautismo, el sacerdote salpica algunas gotas de agua sagrada en forma de cruz en la cabeza del niño teniendo una vela al lado. Esta vela es un símbolo de la luz de Cristo. La confirmación se realiza mas o menos a los dieciocho años; un obispo hace la señal de la cruz en la frente de la persona con aceite sagrado. Ordenación es cuando uno es admitido en la "orden sagrada." Aquellos

CATÓLICA ROMANA

que son parte del sacerdocio a excepción del diácono, no se casan. El matrimonio es sólo para esta vida. Una persona divorciada no participa del sacramento, pero todavía puede ir a la iglesia. La penitencia es cuando uno confiesa sus pecados; se realiza en un confesionario que tiene una parte para el cura y otra para el pecador. La unción se administra a personas que están muriendo, las cuales son ungidas con aceite en preparación para la muerte y para reconciliar cualquier pecado pasado.

Los católicos romanos adoran en iglesias que a menudo son consagradas a santos.

Cantan, se confiesan, y recitan el *Misal*. El *Misal* contiene música y textos que son usados durante la misa.

El aborto y la contracepción no están permitidos, aunque muchas autoridades de la iglesia no ven la contracepción como un pecado y no lo condenan. Los católicos creen que el alma es creada por Dios en la concepción. Como resultado del Concilio Vaticano Segundo en 1962-65, la iglesia ha tenido muchos cambios aun recientemente con respecto a la manera en que llevan a cabo sus reuniones y como enseñan a sus miembros (Fowler, pp 80-83).

Los católicos enseñan "que sólo hay un Dios verdadero, este ser individual está compuesto por tres personajes divinos y separados- el Padre, el Hijo, y el Espíritu Santo- quienes existen juntos en una manera misteriosa e inexplicable, constituyendo una sola esencia, pero compuesta de tres seres divinos separados, quienes realizan diferentes funciones" (Schmucker, p. 11).

María fue inmaculadamente concebida en el vientre de su madre. Por eso su concepción es llamada "Inmaculada Concepción." María también fue "la madre del hombre, Jesucristo." Por motivo de esta inmaculada concepción una gran parte del ritual católico está compuesto de oraciones a la Virgen María. "En una sola parte se puede llegar a repetir las mismas expresiones, con pequeñas variaciones hasta cuarenta veces" (Ibid, p.111).

CUÁQUEROS

Los católicos enseñan que la Biblia, aunque inspirada, no está completa y que las "enseñanzas orales" y la tradición completan esa perdida. Algunos de los servicios de la iglesia son realizados en latín (Fowler, pp.80-83; Schmucker, p.8-18).

CUÁQUEROS (LA SOCIEDAD RELIGIOSA DE AMIGOS)

George Fox de Drayton en Leicestershire, Inglaterra, fundó la organización en 1648. Un cuáquero, William Penn de Londres formó la Colonia de Pensilvania (Schmucker, pp. 58-60).

Creen en que uno puede acercarse a Dios solamente por medio del espíritu y no al confiar en las autoridades de la iglesia. Su apodo de cuáqueros se debe a que se dice que algunos de la congregación temblaban mientras estaban reunidos como organización.

Cuáqueros consideran al hombre y la mujer por igual. En el pasado, las personas casadas no llevaban anillos porque lo consideraban innecesario, pero hoy día algunos si que lo llevan. No tiene una regla concerniente al divorcio.

No tienen doctrinas específicas, sólo algunas ideas como que Dios está en todas partes y cualquiera puede sentir su presencia en cualquier momento. Generalmente no condenan los deseos sexuales. Lo importante para ellos es que ame como Cristo amó. Con excepción de eso, no se preocupan mucho por lo que usted crea. Por ejemplo, algunos pueden creer en la preexistencia y otros no. Cada miembro puede tener su propia creencia acerca del cielo. Se congregan en cualquier sitio porque eso es suficiente.

Se reúnen poniéndose unos enfrente de otros y no hablan durante todo el servicio. Si una persona da un discurso, nunca es un sermón preparado. No tienen un día de reposo, Santa Cena, o bautismo. No creen en la guerra (Fowler, pp. 103-110).

EJÉRCITO DE SALVACIÓN

EJÉRCITO DE SALVACIÓN

William Booth, un predicador metodista, fundó en Londres en el año 1865 la organización, que más tarde se convirtió en el Ejército de Salvación.

Booth mezcló tradiciones del ejército con su organización de la iglesia y la llamó el Ejército de la Salvación en 1878. Una de las claves para la iglesia era el bienestar social o ayuda humanitaria. Debido a la popularidad de este programa social, el Ejército de Salvación se esparció rápidamente a los Estados Unidos, Canadá, Australia desde el año 1880 al 1882. Los miembros de la iglesia se visten como soldados llevando un uniforme y usando términos como "invadir la tierra," "barracas," "luchar", para referirse al trabajo humanitario que realizan. Formaron su primer Cuerpo en 1893. Sus líderes incluyen capitanes, tenientes, mayores, etc. Allá donde haya un desastre o gente en necesidad, el Ejército de Salvación va para echarles una mano. Por ejemplo, ayudaron a mucha gente necesitada durante la Primera y Segunda Guerra Mundial, y durante la Gran Depresión (Moyles).

EPISCOPAL PROTESTANTE

Esta iglesia se originó en 1607 como consecuencia de la emigración de las congregaciones de la Iglesia de Inglaterra a Estados Unidos, principalmente en Virginia y las áreas circundantes.

En 1789, después de la Guerra de la Revolución, los líderes de la iglesia llevaron a cabo una convención y establecieron la Iglesia Protestante Episcopal, independiente de la Iglesia de Inglaterra. Durante esta época hicieron algunos ajustes a su libro de oraciones. Enfatizan la unidad de los cristianos. Al igual que la Iglesia de Inglaterra, tienen obispos, sacerdotes y diáconos. Bautizan a niños pequeños. Debido a que los Protestantes se parecen mucho a la Iglesia Anglicana, le referiré a estos últimos para mas información (Neve, pp. 297-314).

EVANGÉLICA REFORMADA

EVANGÉLICA REFORMADA

Esta Iglesia tiene sus raíces con la reforma protestante en Suiza por Ulrico Zwingli en la primera parte del siglo dieciséis. Como Martín Lutero de Alemania, el cual publicó noventa y cinco tesis en contra de los católicos romanos, Zwingli publicó tesis oponiéndose al catolicismo: Las sesenta y siete tesis de 1523. A pesar de que los dos reformadores, Zwingli y Lucero, quisieron formar una Iglesia en 1529, no lo lograron debido a las discrepancias en doctrina como por ejemplo la Santa Comunión. La Iglesia Evangélica Reformada está en Frederick, Maryland. Son "miembros de una organización de la Iglesia Unida de Cristo" los oficios eclesiásticos incluyen pastor, ministro, elder y un diacono (Dutrow).

LOS HERMANOS EVANGÉLICOS UNIDOS

Esta Iglesia fue formada en 1946 por la unificación de dos iglesias existentes: La Iglesia Unida de los Hermanos en Cristo y la Iglesia Evangélica. Las dos Iglesias comenzaron sus prácticas al principio del siglo diecinueve. Los fundadores de las dos Iglesias eran originalmente de Alemania y otros países europeos, pero las iglesias llegaron a estar bien establecidas en la costa medio-este de los Estados de los Estados Unidos. Los niños son bautizados. La Iglesia tiene una gran operación "misiones predicativas" por todo el mundo. Los pastores dirigen las congregaciones locales (Behney).

HINDUISMO

El hinduismo es una palabra Persa que significa indio. los hindúes también llaman a su religión Sanatana Drama, que significa "religión eterna" y Vaidiki Drama, o "religión de Vedas". Se concentra en India. La religión comenzó en el valle Indus alrededor de 4000-2500 A.C. y ahora constituye la tercera religión más grande del mundo con

HINDUISMO

más de 760 millones de seguidores.

Los dioses principales del hindú son Brahman- el Creador, Vishnu- el protector, y Shiva- el destructor. Con todo, tiene varios cientos de dioses a los cuales adoran en diferentes ocasiones, a pesar de que algunos se concentren en unos cuantos. Los hindúes se refieren a dos escrituras: Ramayanan y Bhagwad Gita. La meta de los hindúes es llegar a Nirvana, un estado de eterna bienaventuranza. Esto se puede realizar por medio del proceso de samsara, o reencarnación, hasta que un alma alcance Nirvana. Una vez en el estado reencarnado es dependiente en su karma, o en sus actos ya sean buenos o malos. Se mantienen ocupados en la meditación por medio del Yoga.

A pesar de que el sistema Hindú se desprestigió en 1949, muchos todavía lo practican, especialmente en áreas rurales. Está dividido en cuatro grupos empezando por el mayor: Brahmins, Kshatriyas, Vaishyas, y Sudras. Brahmins es considerado el mayor con el estatus mayor en el sistema; se les da autoridad tanto secular como religiosa. Kshatriyas sirven como gobernadores y personal militar. Los dueños de las tierras, y mercaderes constituyen el tercer grupo, Vaishyas, los siervos y trabajadores el cuarto, Sudras.

Si alguien no pertenece a ningún grupo el o ella es un proscrito o Dalia (Religiones Mayores del Mundo y Robinsón).

LA IGLESIA ANGLICANA

El Rey Henry VIII autorizó su formación alrededor del año 1500's. Muchos anglicanos consideraron llamarse La Iglesia de Inglaterra. Las oficinas centrales de la Iglesia están en Londres.

La doctrina anglicana se dice que está tomada de la Biblia, pero está sujeta a cambios. La adoración varía teniendo una estructura como la ceremonia Católica, con velas y más, a la adoración por medio de baile moderno y canción. Tienen un libro de oración y dos sacramentos:

LA IGLESIA ANGLICANA

Bautismo y Eucaristía. El Bautismo es casi lo mismo que el de la Iglesia Católica Romana y los niños reciben un padrino y una madrina. La eucaristía es la participación del pan y del vino en memoria de Cristo. La doctrina exacta de este sacramento no concuerda todavía. Confirman, ordenan y casan. Personas divorciadas no pueden volverse a casar dentro de la Iglesia.

Los edificios están consagrados a santos. El interior de estos edificios parece como los de los Católicos Romanos, con estatuas y todo, excepto el confesionario que puede no estar presente. La estructura de la Iglesia es clerical los obispos son escogidos por los miembros de la Iglesia. A nivel local, un Rector o Vicario sacerdote es responsable de la espiritualidad de los miembros. (Fowler, pp.85-90)

LA IGLESIA DE CRISTO, CIENTÍFICA

En 1879 Mary Baker Eddy organizó esta Iglesia en Boston. Sus escrituras incluyen la Biblia y un libro escrito por Eddy, Ciencia y Salud con referencias a las escrituras. De acuerdo con los científicos cristianos, eres lo que tu mente crea y tus experiencias están influidas mayormente por como piensas. Dios está en todos sitios y es un dios paterno y materno. Sus edificios son más bien conservadores. Una gran parte de su religión consiste en la curación. El número de miembros está en degeneración. (Fowler, pp. 125-129)

IGLESIAS DE CRISTO EN ESTADOS UNIDOS

Las Iglesias de Cristo se consideran a si mismas cristianas y que han revivido el orden original enseñado y propuesto en el Nuevo Testamento. Barton W. Stone y Alexander Campbell fundaron la organización durante la primera parte del siglo diecinueve. Los dos se opusieron a la aparición de tantas diferentes sectas del cristianismo en América. Los escritos de John Locke inspiró a Stone y el

IGLESIAS DE CRISTO EN ESTADOS UNIDOS

salió de la Iglesia Presbiteriana en Kentucky durante 1801. Campbell llegó a USA en 1809 y tuvo las mismas ideas que Stone, de organizar una iglesia que siguiera mas de cerca el Nuevo Testamento y que unificara a todos los cristianos. Campbell enseñó que el mundo cristiano debe ser unificado antes de la segunda venida. Ellos demandan que han reorganizado, en esencia, el estilo de vida de los cristianos de antaño. Antes de 1906, el movimiento que estos dos hombres comenzaron se separó en dos organizaciones: Las Iglesias de Cristo y Los Discípulos de Cristo. La primera se enfoca en una restauración de la cristianidad de antaño, y la otra se enfoca en la necesidad de una unidad cristiana. A pesar de que se han separado en dos denominaciones, sus doctrinas respectivas se han conservado intactas.

Miembros de la Iglesia De Cristo son anti-católicos y anti-comunistas. No utilizan instrumentos musicales porque los instrumentos no fueron utilizados en la iglesia primitiva. A pesar de que no bautizan a los niños pequeños, enseñan el bautismo por inmersión, pero permiten formas diferentes de bautismo a parte del bautismo por inmersión. Siguen seis pasos escritos por Campbell: Fe, Reformación, Inmersión, Remisión de Pecados, Espíritu Santo y Vida Eterna (Neve, pp. 386-39; Hughes)

LA IGLESIA DE JESUCRISTO DE LOS SANTOS DE LOS ÚLTIMOS DÍAS

LA ÚNICA IGLESIA VERDADERA Y VIVIENTE SOBRE LA FAZ DE LA TIERRA. VER LA PRIMERA Y SEGUNDA SECCIÓN DE ESTE LIBRO, LA DOCTRINA, INFORMACIÓN E INSPIRACIÓN RESPECTIVAMENTE SON UN RESUMEN DE LA IGLESIA.

LA IGLESIA UNIDA DE CRISTO EN LOS ESTADOS UNIDOS

Llamada así en 1943. Formada esencialmente con

ISLAM

las creencias de los cristianos congregacionales y las de los evangélicos reformados. Énfasis en congregarse a nivel local. Las iglesias locales pueden funcionar de maneras diferentes, dependiendo a cual atienda. Sus doctrinas se parecen mucho a las de los presbiterianos. Tiene dos sacramentos: Bautismo y la Santa Comunión. El bautismo es bastante indulgente; permiten todo tipo de bautismo y realizan el suyo por aspersión o de cualquier manera que sea famosa en el lugar donde la iglesia está localizada. Por ejemplo, algunos bautizan por inmersión, y uno puede ser bautizado niño o adulto. Su adoración se enfoca en la Sagrada Comunión. Debido a que aceptan diferentes creencias, muchos interpretan el sacramento de manera diferente, aunque en general simboliza la crucifixión de Cristo. Por ejemplo, algunos creen en la transubstanciación, la doctrina de que el pan y el vino se convierten literalmente en el cuerpo y la sangre de Cristo durante el servicio sacramental (Neve, p.400;Horton).

ISLAM

El Islam es la segunda religión después del Cristianismo como una de las más grandes religiones del mundo con aproximadamente un billón de seguidores.

El fundador y profeta, Muhammad nació en 570 DC. El profetizó desde la Meca y Medina (donde ahora reside su tumba). Ya que Muhammad no podía leer o escribir, sus seguidores grabaron sus palabras, las cuales más tarde formaron lo que ahora se llama el libro sagrado, el Qur'an. Musulmanes (la gente del Islam) leen y recitan de memoria el Qur'am, siempre en la lengua original arábiga. Nunca se deja en el suelo debido a su santidad. Los musulmanes se someten a las enseñanzas escritas en el Qur'an. El Qur'an enseña moralidad, historia y muchas otras doctrinas, como que sólo hay un Dios incomprensible, el cual es el Creador de todas las cosas. Los musulmanes no entienden porque Dios creo lo malo. Creen que habrá un día de juicio para

ISLAM

todo el ser humano. También creen en Adán y Eva, Abraham, Moisés, y Jesús sólo como otro profeta. Consideran a Satanás como su adversario. Pagan ofrendas.

Fornicadores son azotados con "cien rayas" (*Qur'an* 24:2). Adúlteros y traidores de la fe deben morir. Cortaron una extremidad por robar.

La familia es muy importante para los musulmanes. El hombre y la mujer son iguales. El matrimonio es considerado como la unión de dos familias, no solamente dos personas. El hombre paga a la familia de la mujer una cantidad de dinero por su nueva esposa. Los hombres musulmanes pueden llegar a casarse con cuatro esposas, pero la primera mujer debe dar su consentimiento. En el pasado, los matrimonios eran arreglados, pero hoy en día la novia y el novio pueden decidir. Mucha gente se casa a una edad temprana (los primeros años de la adolescencia). Una boda puede ser como una celebración de Primero de Año. Todo lo que la novia tiene, u obtiene después del matrimonio, es solamente de ella y no es dualmente de ella y su marido. No cambia su nombre, utiliza el apellido de su padre. El "hombre es el núcleo, la familia es su plasma" (Saud,p. 117). No muchas mujeres utilizan un velo para cubrir sus rostros, pero todavía se cubren la cabeza con algún tipo de ropa.

Cinco veces al día los musulmanes se lavan el cuerpo y se posicionan en frente de la Meca, Arabia Saudita para ofrecer una pequeña oración. Se congregan cada viernes para orar juntos, adorar y recibir instrucción. Tienen un calendario diferente que los del Oeste, con días más cortos y solo nueve meses en un año. Durante el noveno mes, ayunan durante las horas de sol y sólo comen un poco después del atardecer. Mientras ayunan, no comen, ni beben ni hacen negocios. De cada musulmán también se espera que hagan una peregrinación a la Meca pagando sus propios gastos. A los no musulmanes no se les permite el paso en la ciudad de la Meca. Dentro de la Meca, los musulmanes ofrecen oraciones diarias, rituales, visitas

JUDAÍSMO

sagradas y al final del peregrinaje ofrecen un sacrificio. Cuando se les entierra, el cuerpo del musulmán se coloca en dirección a la Meca (Fowler, pp. 130-177).

JUDAÍSMO

A causa de que el judaísmo tiene muchas ramas diferentes en el cristianismo y puede ser considerado como una antigua forma del cristianismo, esta sección será mas larga que el de las otras religiones que hemos resumido. La estructura general de la cultura judía puede ser de gran interés para el lector SUD.

El judaísmo es una de las religiones más antiguas en el mundo, y se ha desarrollado tanto que ahora hay diferentes ramas con pequeñas diferencias de creencias. Los judíos aceptan el hecho de que no tienen un profeta moderno, no tienen una dirección real de lo que espera Dios de ellos en este tiempo. Un judío es aquel descendiente de Judá o alguien que se ha convertido a la religión. También ellos mismos se llaman Israelitas, pero realmente una persona puede ser un israelita y no ser judío.

Los judíos se consideran "La gente elegida" de Dios. No creen en Jesucristo como su

Mesías, pero tienen fe en el Torán. Algunos todavía creen que vendrá un Mesías en el futuro, pero otros judíos no lo creen. El Torán esta compuesto por los cinco libros de Moisés y contiene 613 mandamientos para seguir. El Torán esta escrito en un rollo de papel y guardado en un lugar el que llaman "El Arca del Convenio" cerca de la pared de la sinagoga la cual da al templo sagrado de Jerusalem (Para aquellos en USA, esto significa la pared del este). Es Torán se lee durante los servicios de adoración. También tienen otros escritos por profetas y Rabinos, respectivamente. Uno de sus mas famosos comentadores es Rashi de la última parte del siglo once. Creen en el Antiguo Testamento, pero no en el Nuevo Testamento. Tienen Trece Artículos de Fe los cuales fueron escritos por Moisés en 1190 AD.

JUDAÍSMO

Tienen prácticas muy detalladas. Esto es parcialmente porque el judaísmo moderno ha seguido las enseñanzas de los fariseos durante el tiempo de Jesús. Durante el tiempo de oración, atan un tefillin, una caja ,a su frente y alrededor del brazo no dominante. Esta caja contiene las escrituras de Éxodo 13:1-6 y Deuteronomio 6:4-6, 11:13-21. Algunos llevan el tefillin todo el día. También ponen un Mezuzah cerca de cada puerta de salida de la casa que contiene la escritura de Deuteronomio 6:4-6, 11:13-21. Algunos judíos colocan su Mezuzah cerca de casi cada puerta de la casa. Utilizan un tallit, o un manto de oración, el cual se une al tzitzit. Esta vestidura es para cubrir su desnudez, la franja les recuerda de sus convenios, y es una protección en contra del poder del destructor. Se cubren la cabeza cuando oran. Los sacerdotes y rabinos llevan la cabeza cubierta todo el tiempo:

1. Siempre deben cubrirse la cabeza cuando oran.
2. Deben orar siempre.

Los judíos creen en un Dios. Evidencias indican que en el pasado creyeron en un Dios antropomórfico, pero su visión ha evolucionado hasta la presente creencia de que Dios no tiene la apariencia de hombre.Construyeron dos templos: el Templo de Salomón y el Templo de Herodes (o Zorobabel). El Templo de Salomón estuvo presente durante 400 años hasta el año 586 A.C.. que fue destruido por los romanos (tal como Cristo profetizó)en el año 70 DC.. Los judíos dicen que deben construir otro templo en el sitio donde estaba el Templo de Salomón, el cual se encuentra en el mismo lugar que la Cúpula de Piedra. Esto debe llevarse acabo antes de la venida del Mesías. Aun cuando los judíos podrían comenzar ahora a construir su tercer templo, no lo harán porque dicen que no tienen un profeta que los guíe.

Los judíos tienen muchas leyes dietéticas detalladas. Las Carnes sucias (carroñeras) están prohibidas. Las carnes limpias (no carroñeras) deben tener escamas y aletas si viven en el mar o deben ser rumiantes y tener pezuñas partidas si viven en tierra. Los judíos tampoco mezclan ningún

JUDAÍSMO

tipo de carne con productos lácteos debido a la escritura que dice, "no guisarás el cabrito en la leche de su madre." (Éxodo 23:19)

El lugar mas santo para los Judíos actualmente es la muralla oriental del templo en Jerusalén. Era la muralla más cercana al Lugar Santísimo antes de que el templo fuera destruido. Aunque los judíos no están obligados a peregrinar al muro, muchos van allí para orar y llevar a cabo otros rituales. Algunos escriben los nombres de aquellas personas que ellos desean que reciban bendiciones y dejan el papel entre las grietas de la muralla.

Debido a que los judíos no tienen un líder, se pueden encontrar diferentes interpretaciones de sus escrituras.

Cada sinagoga contrata a un rabí y a un cantor. En algunos casos, el rabí puede ser una mujer. El rabí conduce los servicios y los asuntos de la congregación. El cantor los guía mientras cantas sus himnos. En muchos casos se le prohíbe cantar a las mujeres porque piensan que distraen a los hombres de su meditación.

FESTIVIDADES JUDÍAS

Los judíos tienen siete grandes festivales durante el año: *Rosh Hashanah, Yom Kippur, Sukktot, Hanukkah, Purim, Pascua, y Shavuat (Pentecostés)*.

Rosh Hasahnah es su "Fin de Año" y dura dos días durante el otoño de nuestro calendario. Estos son días de oración y de marcarse nuevas metas.

Yom Kippur es el Día de la Expiación, un día para reconciliarse con Dios y otros. En este día los Judíos ayunan, oran, confiesan y perdonan pecados, y llevan acabo un examen introspectivo.

Sukkot es la celebración de la cosecha que dura ocho días, durante los cuales los judíos viven en barracas durante siete días. Va de acuerdo con Levítico 23:42-43. El Rey Benjamín, en el Libro de Mormón, dio su discurso durante el Sukkot, ya que ellos todavía vivían por la ley de Moisés

JUDAÍSMO

en aquel tiempo (Mosiah 2-5).

Hanukkah es la fiesta de las luces, que conmemora la revolución Macabea. Se dice que usaban la reserva de un día de aceite de oliva para prender sus lamparas durante ocho días, mientras llevaban acabo ceremonias en el templo en 165 DC. Hanukkah es parecido a Navidad; intercambian regalos y normalmente cae en Diciembre. Prenden una vela cada uno de los ocho días, dependiendo en la tradición.

Purim conmemora lo que le sucedió a los judíos en el libro de Ester.

Esta festividad es similar a Halloween, porque durante el Purim los niños se disfrazan como si fueran personajes en el libro de Ester y van pidiendo dulces. Es el día de la amistad, se dan regalos y se recuerdan las necesidades de los pobres.

La Pascua es una festividad que dura ocho días y conmemora el Éxodo de Moisés y los Israelitas y todos los milagros relacionados con ello. Es la celebración más importante del año. Durante este periodo de tiempo, matzah, pan sin levadura, es todo el grano que se les permite comer. Tienen un servicio llamado Seder en el cual comen, cantan y recitan la narrativa Haggadah.

EL SERVICIO SEDER DE LA PASCUA

Este servicio se lleva a cabo en la primera noche de Pascua. Seder significa "orden". Debido a que Jesucristo era judío, durante su "última cena" cuando instituyó la ordenanza de la Santa Cena, se llevo a cabo un servicio similar. El *Seder* hoy día no es lo mismo que "la última cena" por la diferencia de dos mil años. Dos mil años dan mucho margen para el cambio. De todas maneras, el *Seder* judío tiene inmenso significado para no sólo los judíos, sino que también para los cristianos quienes tienen ancestros comunes con los judíos.

La mesa del Seder contiene muchos símbolos. El plato es colocado cerca del líder del Seder y contiene-

JUDAÍSMO

Un hueso de pierna de cordero asado: simboliza el cordero de pascua.

Un huevo asado: simboliza la festividad del sacrificio en el templo de Jerusalén.

Maror: simboliza la amarga cautividad de los judíos en Egipto cuando trabajaron como esclavos. El Maror está hecho de hierbas amargas.

Haroset: simboliza el mortero con el cual los israelitas trabajaban como esclavos para Egipto. Contiene "manzanas, nueces, canela, y vino" (BYU Seder Service).

Karpas: Una hierba verde como el perejil o la lechuga y un cuenco de agua salada. Simboliza "primavera y la renovación de la vida" (BYU Seder Service). Antes de comerse, se moja en el agua salada dos veces. El agua salada representa las lágrimas de los judíos durante su cautividad.

Tres *Matzahs:* pan sin levadura. Simboliza el pan sin levadura que los judíos llevaron consigo cuando salieron de Egipto. Huyeron tan rápido que no pudieron llevar pan con levadura consigo.

También hay otras cosas simbólicas en la mesa del Seder:

Cuatro copas de vino o "fruto de la viña": simbolizan al redención de Israel que se encuentra en Éxodo 6:6-7. La copa de Elías que espera su llegada en el futuro.

Una silla amortiguada: simboliza el tiempo en el cual los judíos fueron liberados del cautiverio.

Afikomen: mitad del matzah; "postre." Se juega un juego en el cual el líder del Seder pasa el Afikomen a la persona sentada a su lado. De acuerdo con la tradición, la familia entonces esconde el matzah hasta que termina la comida de la Pascua. Después, el líder debe regatear con quien sea que tiene el pan sin levadura para poder volver a tenerlo. Este regateo simboliza la redención de Israel. El regateo no tiene porque ser pequeño. Por ejemplo, el líder puede ofrecerse a pagarle a la persona un viaje a Europa, invitarla a una cena en un buen restaurante, o pintarle la 208casa.

JUDAÍSMO

El servicio del *Seder* tiene catorce pasos:

-Durante estos pasos el Haggadah es recitado en varias ocasiones

1. *Kadesh:* se recita el *kiddush*. Cuando se bebe el vino "Copa de Bendiciones"

2. *U-rehatz*: manos lavadas.

3. *Karpas:* se come lo verde. Cuando la hierba verde se moja dos veces en el agua salada y después se come.

4. *Yahatz:* partido en dos. El Afikomen (la mitad del matzah) es partido en dos por el líder del Seder y se lo pasa a la persona sentada a su lado.

5. *Maggid:* se recita la historia de la Pascua.

La historia de la Opresión

Dayenu, una canción de gratitude

Los símbolos de la Pascua (explicados): durante este tiempo se bebe el vino "Copa del Recuerdo"

6: *Rahatzah:* manos lavadas.

7. *Motzi:* bendiciones sobre el matzah.

8. *Maror*: las hierbas amargas.

9. *Korekh*: tapa. El Sandwich Hillel es un recuerdo de los días del templo. El sandwich incluye pan sin levadura con hierbas amargas.

10. *Shulhan Arukh*: mesa preparada. Se sirve la comida de Pascua.

11. *Tzafon*: escondido. Este es el momento en que el líder redime el Afikomen al regatear por él. Fue durante este momento que Cristo pudo haber administrado el pan de la Santa Cena a sus apóstoles durante "la última cena."

12. *Berakh*: bendición; gracia después de la comida. En este momento se bebe el vino "Copa de Redención." Cuando Cristo instituyo la segunda parte de la Santa Cena.

13. *Hallel*: alabanza; los Salmos de Alabanza. Cuando se bebe el vino "Copa de Esperanza y Libertad."

14. *Nirtzah*: aceptación. Es el final del servicio del Seder. Incluye canciones y la aceptación del Seder.

(Información tomada del BYU Passover Seder Service, dirigido por Victor L. Budlow, 20 Marzo, 1999,209

JUDAÍSMO

y de Jacobs (*Practice*), pag. 88-91)

El *Shavuot* (o Pentecostés) dura dos días y se lleva a cabo siete días antes de la Pascua. Conmemora el Torán (Los Cinco Libros de Moisés) dado por Dios. Durante este periodo los judíos decoran la sinagoga como un símbolo de la belleza del Torán (Jacobs y Ludlow).

Algunos judíos creen en la reencarnación tal y como se enseña en el Kabbala, pero otros no (Jacobs, *Belief*,p. 238)

EL HOLOCAUSTO (O SHO'AH)

El mundo siempre ha prestado honor a las victimas del Holocausto (o el Sho'ah) desde la época de Adolf Hitler y la Segunda Guerra Mundial. aunque entre las victimas están incluidos socialistas, comunistas, homosexuales, gitanos, minusválidos, y muchos otros, mi enfoque estará en los judíos. Conmemoraciones en Europa y América recuerdan el horror de aquella época y lugar, dando a las generaciones futuras una imagen de los prejuicios nazis que nacieron en Alemania en 1933. Los campos de concentración infestaron el Este y millones de judíos murieron como resultado del orgullo nazi. Cuando Hitler finalmente se rindió en sus esfuerzos de dominar el mundo, ya había ordenado el asesinato de seis millones de judíos. La vida no era fácil para los judíos bajo sus normas. En demasiados casos, lo único que podían hacer era esperar y sufrir mientras eran arrancados de sus familias y sentenciados a muerte.

Los judíos siempre han vivido en Europa desde antes del nacimiento de Jesucristo en Belén.

Cristo era judío, aunque los judíos no lo acepten como su Mesías. "Desde Agustino en el siglo quinto a Lutero en el siglo dieciséis, algunos de los teólogos cristianos más elocuentes y persuasivos vituperaron a los judíos como rebeldes en contra de Dios y como asesinos del Señor" (Nerenbaum, p. 13). En los años 1500, el protestante Martin Lutero dijo, "Somos culpables por no matar a [los judíos]" (Ibid, p. 14). Europa estaba dominada por los cristianos, por lo tanto los judíos normalmente estaban marginados

JUDAÍSMO

en la sociedad. Aunque es verdad que los judíos no aceptaban a Cristo, como los cristianos, eso no justifica lo que les sucedió durante el Holocausto.

1933 marcó el comienzo de la Alemania de Hitler. No tenía competición alguna para su oficio debido a la Gran Depresión en Europa. Hitler también falsificó los votos en su contra que podían haber evitado su dictadura, pero desafortunadamente ganó todo el poder del gobierno alemán. Muchos alemanes, particularmente los nazis, culparon a la reciente colonización judía en su país como responsable del tumulto económico. Por el contrario, miles de judíos habían vivido en Alemania toda su vida, se habían casado con alemanes, adoptado la lengua alemana, y habían servido fielmente en el ejercito alemán durante la Primera Guerra Mundial. Aún así, los nazis, encontraron todo tipo de excusas para acusar a los judíos de disturbar su nación. Decían que los judíos les estaban quitando sus empleos. Ese mismo año Hitler ordenó "un boycot a las tiendas y negocios judíos" (Ibid, p. 21)

Durante este periodo de tiempo, aquellos que eran sorprendidos perturbando la paz debían ser arrestados (principalmente los judíos). Los escritos de Einstein, Freud (ambos judíos), Marx, Lenin (ambos comunistas), y muchos otros fueron destruídos en el fuego (Ibid, p. 24-25). De echo, los nazis se apoderaron de todo: la policía, los periódicos, la radio, las bibliotecas, el ejército, los negocios, la televisión, las iglesias, y los comerciales. Los nazis humillaban a los judíos en las calles, en sus hogares, y en sus escuelas. Si los judíos no hacían exactamente lo que se les decía eran arrestados. Los nazis no mostraban la más mínima compasión.

En 1935, los alemanes negaron a los judíos sus derechos como ciudadanos. Para 1939, los nazis estaban asesinando judíos. Muchos judíos abandonaron el país, pero en 1941 la ley les prohibió salir de sus ciudades. Para 1940, Hitler ya tenía control de partes de Polonia, Austria, Francia, Holanda, Noruega, Luxemburgo y Bélgica.

JUDAÍSMO

Muchos judíos se escondían. Una de las víctimas mas famosas del Holocausto fue Anna Frank. Mientras estaba escondida con su familia en un ático en Amsterdam, escribió fielmente en un diario su visión del Holocausto. Después de dos aos su familia fue descubierta y enviada a un campo de concentración. Aunque su padre fue el único que sobrevivió a los nazis, el diario de Anna es un libro muy famoso.

Cerca del fin de la Alemania nazi, los soldados llevaban a cabo cremaciones en masa, disparos, entierros, envenenamientos por gas, paseos de muerte, colgamientos, y más cosas. Los prisioneros eran llevados a lo que pensaban que eran gigantes duchas, pero una vez que los soldados cerraban las puertas dejaban caer pelotillas del techo que desprendían gas venenoso. Después de haber sido envenenados hasta la muerte, los cadáveres eran llevados a los crematorios, donde los ponían en grandes hornos. Algunas veces estos crematorios no funcionaban, así que enterraban miles de cuerpos en grandes fosas. Otros prisioneros en los campos de concentración eran llevados en "paseos de muerte." Cualquiera que fuera sorprendido cansado de caminar era muerto a tiros por los soldados.

Los doctores nazis llevaron a cabo experimentos raros con los prisioneros. Debido a la manera tan poco ética en la que condujeron estos estudios, sus investigaciones todavía están escondidas en archivos que permanecen inaccesibles para los científicos del mundo.

Muchos lideres y autoridades en Europa quisieron ayudar a los judíos y proveyeron refugios y lugares de trabajo camuflados como medios para preservar sus vidas. Uno de los líderes más famosos fue Oskar Schindler, quien hizo una lista de gente para ir a trabajar a su factoría sin arriesgar sus vidas. Cerca de un tercio de la población mundial de judíos, y casi todos los judíos europeos, fueron asesinados por los nazis.

Con el tiempo, los campos de concentración fueron abandonados por los nazis y dejados para su descubrimiento por los soviéticos y americanos. Algunos

LUTERANOS

miembros de familias fueron reunidos, pero muchos no lo fueron. En 1946, algunos de los líderes nazis fueron juzgados ante el famoso tribunal de Nuremberg, pero la mayoría de ellos escaparon de las penas por lo que habían echo. Así como muchos judíos habían emigrado a Alemania y los países de alrededor al comienzo del Holocausto, muchos nazis emigraron a otros países en Europa y en Sur América para evitar la posibilidad de futuros juicios.

La dispersión de la población judía ha cambiado drásticamente desde los días del Holocausto en Europa. Antes de los días nazis, cerca de la mitad de la población mundial judía vivía en Europa. Hoy en día la mayoría de los judíos viven en Estados Unidos o Israel.

(Brecher, *Holocaust Memorials*, Ludlow, Paldiel, Yahil)

LUTERANOS

El luteranismo empezó en Alemania. El 31 de Octubre de 1517 Martin Luther distribuyó sus noventa y cinco Tesis oponiéndose al catolicismo en Wittenburg, pero no fue hasta 1580 que las Confesiones Luteranas fueron establecidas. El mismo Luther estaba en contra de la doctrina que dice que la salvación viene por medio de la organización de la iglesia. El pensaba que el único camino para ganarse la remisión de los pecados era la comunicacion directa con Dios a través del Espíritu.

El decía que la única autoridad verdadera concerniente a lo espiritual estaba en las escrituras, la palabra de Dios. A pesar de que esto es verdad, desde entonces los luteranos han publicado amplias interpretaciones de las escrituras, incluyendo los escritos de Luther. La doctrina luterana se centra de la remisión de pecados. La Ley ayuda al hombre a darse cuenta de sus pecados, y el Evangelio trae gracia. Generalmente creen en la predestinación. Hay una iglesia que es "invisible", pero que se manifiesta a través de los rituales y sacramentos que se llevan a cabo. Las

METODISTAS

congregaciones de la iglesia escogen a sus propios ministros si el obispo no lo ha hecho todavía. Entonces los ministros son ordenados. Creen en la separación entre el estado y la iglesia. Desde el comienzo de la Iglesia, los luteranos siempre han amado el arte y la música.. Quizás uno de los mas talentosos entre ellos fue Johann Sebastian Bach (Neve pp. 127-233; Tarnas pp. 233-247).

METODISTAS

John y Charles Wesley organizaron esta iglesia alrededor del año 1700. John Wesley organizó oficialmente la iglesia y su base doctrinal en 1744 en Londres. El decía que una persona es salva solamente por la gracia a través de su fe en Cristo. Una persona demuestra su fe al preocuparse por la sociedad. Una típica iglesia metodista tiene un ministro (hombre o mujer) y un comité de representantes, quienes son escogidos por la congregación. "El énfasis esta puesto en las escrituras, la predicación, la oración, y el canto." Al igual que los bautistas, los edificios de los metodistas son conservadores. Llevan a cabo la Cena del Señor, y bautizan tanto a niños como adultos. Personas divorciadas pueden volver a casarse dentro de la iglesia. El número de miembros está en declive (Flowler, pp. 90-93).

La Iglesia Metodista Protestante fue formada en 1828, después de apartarse de la Iglesia Metodista Episcopal por motivos doctrinales. Esto incluyó principalmente predicadores que se encargaban de los asuntos de la iglesia sin ninguna representación de los miembros (Schmucher, p 282).

ORIENTAL ORTODOXA

Las Iglesias Ortodoxas del este y el oeste se separaron en 1054 por problemas doctrinales. La Iglesia Ortodoxa es rica en tradición. Durante la adoración, los miembros están de pie en vez de estar sentados. Oran repetidamente a

ORIENTAL ORTODOXA

Jesús y María para pedir perdón. Creen que el individuo puede recibir revelación con la ayuda de estatuas e imágenes. Tienen siete sacramentos: el Bautismo, la Confirmación, la Liturgia Divina, el Matrimonio, la Ordenación, la Penitencia (Confesión), y la Unción (curación de los enfermos). La Pascua y la Navidad son festividades importantes en esta iglesia. La Iglesia Ortodoxa acepta la Trinidad con el Padre, el Hijo y el Espíritu Santo como seres iguales. De todas formas, afirman que el ser humano no puede saber las características verdaderas de Dios, porque El es misterioso e incomprensible (Fowler, pp. 96-103).

PRESBITERIANOS

El presbiterianismo se esparció durante el periodo de reforma en Gran Bretaña en la mitad del siglo dieciséis (1560). Sus fundadores clave fueron John Knox y Thomas Cartwright. Se apartaron de la Iglesia Católica razonando que los católicos eran idólatras en el uso de velas, imágenes, cruces, etc. Tampoco creían que nadie debía ser "candidato" al ministerio. Ejecutaron al arzobispo Laud en 1645 y al rey de Inglaterra en 1649. Aunque hoy hay diferentes denominaciones presbiterianas, trataré de dar una pequeña explicación. El presbiterianismo americano empezó en 1683 con F. Makemie. Creen en la predestinación. No tienen arzobispos o diáconos. Al contrario que la iglesia Católica, creen que el Espíritu de Dios, y no las autoridades de la Iglesia, incluye nuestra interpretación de la Biblia. Creen que la Biblia tiene algunos errores, pero que debe mantenerse como la principal fuente de doctrina, en vez de los lideres eclesiásticos. En la mayoría de los casos, solamente la infidelidad justifica la necesidad de divorcio. Aunque practican el bautismo por aspersión, algunos creen que no es un requisito para salvarse. Creen que Dios no tiene un cuerpo (Neve, pp. 234-294; Clark).

SIJISMO

SIJISMO

Esta religión fue fundada por Guru Nanak en 1521 DC..Nanak fue criado como hinduista, pero adquirió mucho conocimiento tanto en las creencias hindúes como musulmanas. Hoy día el sijismo se encuentra en partes de Pakistán e India en una área conocida como la Punjab. El sijismo sigue lo que es conocido como las cinco K: *Kesh, Kanga, Kachs, Kara, y Kirpan.*

Kesh significa que los hombres y las mujeres se dejan crecer el pelo, y los hombres la barba.

Esto simboliza su lealtad al *Sat Guru*, o Dios. Se usa un *Kanga* para peinar el pelo, para así mantenerse bien peinados antes del Sat Guru. Los *Kachs* son ropas interiores que llevan para recordar a Dios. Un *Kara* es un brazalete que simboliza la unión con Dios y con los compañeros sijistas. Un *Kirpan* es una pequeña espada que se lleva simbólicamente en defensa de su religión.

Los sijistas tienen sagradas escrituras llamadas *Guru Granth Sahib* y el *Adi Granth*. Cuando transportan la escritura lo hacen en la cabeza. Algunos, pero no todos los sijistas, adoran El Libro. Su *Sri Hari Mandir Sahib*, o Templo de Oro, está en el medio de un lago en Amristsar, India. Este lago artificial fue creado en 1577. Los sijistas vigilan las entradas del templo, las cuales están hechas principalmente de mármol y piedras preciosas, bronce, y plata. Guardan una copia del *Furu Granth Sahib* dentro del templo. Otros templos son llamados *gurdwaras*. El *Adi Granth*, una colección de escritura, debe ser guardado en cada *gurdwara*. Cuando un sijista entra en el gurdwara, debe prepararse bañándose primero. Dentro del *gurdwara* oran, cantan himnos, leen y recitan escrituras, y adoran. La mayoría del servicio es dedicado a cantar himnos.

Creen en un Ser Supremo que es incomprensible y sin forma. Sólo se manifiesta en los escritos de las escrituras. Muchos sijistas son vegetarianos, aunque no es un requisito.

Prefieren el nacimiento de un niño que el de una niña y

SINTOÍSMO

lo demuestran por las grandes celebraciones y entregas de regalos cuando nace un niño. El escoger a una esposa esta muy influenciado por los padres, porque el matrimonio está considerado la unión de dos familias y no de sólo dos personas. En muchos casos, los padres escogen los compañeros de matrimonio para sus hijos. Debido a que creen que el matrimonio es dado por Dios, el Guru Granth y el Adi Granth son usados durante la ceremonia. Cuando una persona muere, el cuerpo es cremado y echado a un río.

Los sijistas llevan turbantes. Las mujeres se cubren el cuello y las piernas y en ocasiones especiales se cubren la cara y el pelo.

Los sijistas consideran a todas las personas iguales y les gustaría abolir el sistema de castas (Fowler, pp. 335-382).

SINTOÍSMO

El sintoísmo empezó en Japón después del año 500 A.C.. Las islas japonesas fueron formadas por las deidades, Izanagi y Izanami. La religión sintoísta esta centrada en la naturaleza y su aspecto sagrado. La familia imperial japonesa has sido considerados tradicionalmente como hijos de la Diosa del Sol, Amaterasu, hija de Izanagi y Izanami. Los seguidores consideran toda vida sagrada y buscan la paz y un corazón verdadero, *makoto*. Siguen las "Cuatro Afirmaciones":

1. Tradición y familia
2. Amor por la naturaleza
3. Limpieza física
4. *Matsuri*: "festival que honra a los espíritus"

Los seguidores consideran sagradas muchas cosas. Valoran mucho e incluso adoran a sus antepasados o ancestros. Santuarios, montañas, y aguas, tienen santidad. Los animales son enviados por Dios.

Dentro de un santuario, un sintoísta se lava las manos y la boca, limpiándose el cuerpo así de toda impureza.

TAOÍSMO

Después, el creyente entra en el santuario para orar, limpiarse, dar ofrendas, y realizar una *kagura* que es una danza ritual todo en honor de *Kami,* o dios, a quien esta dedicado el santuario. Llevan un *Mamori* (un amuleto especial) a manera de curación. Quince sacerdotes dirigen un *Shichigosan Martsuri* cada noviembre en el santuario para las niñas de 3 a 7 años y niños de 5 años. Mas tarde se llevan a cabo festividades a lo largo del año:

Shogatrsu: ano nuevo, Enero 1-3

El Día Nacional de la Fundación: fundación de Japón, 11 Febrero

Hinamatsuri: festividad de las chicas, 3 Marzo

Tango no Sekku: festividad de los chicos, 5 Mayo

Hoshi Matsuri: festividad de las estrellas, 7 Julio

(*Major World Religions*)

TAOÍSMO

El taoísmo empezó en China en el ano 440 DC con Lao-Tse como fundador. Es parecido al confucionismo en que es una filosofía de como llevar una vida de paz. De acuerdo con los taoístas, el maquillaje natural del hombre es bueno. Por lo tanto, debemos ser agradables con toda la gente.

Hay una fuerza interna dentro de todos los seres vivientes llamada *Tao,* o camino. Una persona debe llegar a ser uno con esta fuerza. Una manera de lograrlo es haciendo ejercicios de *Tai Chi*. Estos ejercicios son para equilibrar el flujo de energía a través del cuerpo por medio de "movimientos deliberados."

No se deben llevar a cabo acciones sin antes planear. Al actuar, la meta es el hacerlo con "la mínima acción." Es más, "virtud, compasión, moderación, y humildad" deben buscarse después.

Yin simboliza oscuridad y *Yang* simboliza luz. Estos opuestos están en todo el universo: "bien contra mal, luz contra oscuridad, hombres contra mujeres." Podemos

TESTIGOS DE JEHOVÁ

influir estos opuestos por medio de nuestra interacción con ellos (*Major World Religions*).

TESTIGOS DE JEHOVÁ

Esta organización fue conocida una vez como "La Biblia de los Estudiantes" o "Russellites" y fue iniciada por Charles Taze Russell, de Pittsburg, Pensilvania, en 1872. El escribió un folleto que profetizaba de la segunda venida de Cristo que iba a ser en el año 1874. En 1874, Russell dijo que Cristo se había aparecido, sólo que apareció invisiblemente. Russell también fundó y editó la revista J.W, La Atalaya, la cual todavía es vendida por todo el mundo por los miembros de la organización. La sede de la organización está localizada en Brooklyn (Fowler, pp. 117-118). A pesar que hay más de tres mil millones de miembros, aseguran que solo 144,000 personas vivirán y gobernarán con Cristo en el cielo. Sacaron este numero de Apocalipsis 7:4-5. Aquellos Testigos de Jehová que se quedan fuera de estos 144,000 vivirán en una tierra transformada y habrá una paz perfecta por mil años. Los mil años serán precedidos por la gran guerra de Armagedón.

Ellos originalmente profetizaron que Armagedón tendría lugar en el año 1914, el año en el que comenzó la Primera Guerra Mundial, de todas formas, "Esta batalla no será peleada por guerreros de la tierra (no es, por ejemplo, una Tercera Guerra Mundial) pero es un conflicto entre lo bueno y lo malo en el campo espiritual" (Roundhill, p. 13). Después de que el "nuevo mundo" se pueble no habrá mas embarazos. Al final del milenio, se soltará a Satanás. Solo los justos resucitarán (Fowler, pp. 118-120)

Aseguran que Miguel el Arcángel que se encuentra en Daniel 10:13,21:1; Juda1:9; y Apocalipsis 12:7 es Jesucristo. Ellos difieren de la cristiandad la cual cree que Cristo es el Dios divino (Ver Juan 1:1 "y la palabra [Cristo] es Dios") y declaran que él es un tipo de dios inferior. Los Testigos de Jehová dicen que Cristo no es Jehová (Ver Jehová =

TESTIGOS DE JEHOVÁ

Jesús), Jesús no es eterno, a pesar que existió como espíritu creado por Jehová antes de bajar a la tierra, y Jesús fue un ser mortal durante su estancia en la tierra. Una persona es salva por gracia por medio de la fe en Cristo y no por sus obras, pero deben alcanzar la vida eterna. Los miembros no celebran Navidad o Pascua y creen que Cristo nació el 1 de Octubre, 2 AC. Tampoco celebran los cumpleaños. Las tres son consideradas celebraciones paganas, parcialmente porque no se encuentran en la Biblia (Ver Ibíd., p. 120,122)

No aceptan el concepto de la Trinidad como divinidad. El Espíritu Santo es "una fuerza impersonal, y no una tercera persona de la Trinidad que mora con cada bautismo Cristiano". Es "la fuerza activa invisible" (Beier, p.44) (Fowler, p.121).

Los miembros no creen en recibir transfusiones de sangre, aun en situaciones de vida o muerte. Esta creencia viene de los tiempos del Antiguo Testamento cuando estaba prohibido comer la sangre en la carne.

Sus publicaciones incluyen la Nueva Traducción Mundial de las Santas Escrituras, y las dos revistas Atalaya y Despertad. Un valiente Testigo de Jehová se sabrá la Biblia bien.

Se bautizan por inmersión. De cada miembro se espera que predique la palabra de las escrituras. No pasan mucho tiempo en la iglesia orando. Sólo participan de la Cena del Señor una vez al año, durante la Pascua. No permiten las relaciones sexuales excepto en el matrimonio. Una mínima dosis de alcohol es aceptada. Tabaco y otras drogas perjudiciales están prohibidos. La esposa está sujeta a lo que el marido dicte, aunque él no sea un Testigo de Jehová. El divorcio está permitido (Fowler, pp. 117-124)

VERSOS PERDIDOS DE LA TRADUCCIÓN DEL NUEVO MUNDO

TESTIGOS DE JEHOVÁ

"Pero este género no sale sino con oración y ayuno" (Mateo 17:21)

"Porque el Hijo del Hombre ha venido para salvar lo que se había perdido" (Mateo 18:11)

"¡Ay de vosotros, escribas y fariseos, hipócritas! porque devoráis las casas de las viudas, y como pretexto hacéis largas oraciones; por esto recibiréis mayor condenación" (Mateo 23:14)

"Si alguno tiene oídos para oír, oiga" (Marcos 7:16)

"Donde el gusano de ellos no muere, y el fuego nunca se apaga" (Marcos 9:44,46)

"Porque si vosotros no perdonáis, tampoco vuestro Padre que está en los cielos os perdonará vuestras ofensas" (Marcos 11:26)

"Y se cumplió la Escritura que dice: Y fue contando con los inicuos" (Marcos 15:28)

"Dos estarán en el campo; el uno será tomado, y el otro dejado" (Lucas 17:36)

"Y tenía necesidad de soltarles uno en cada fiesta" (Lucas 23:17)

TESTIGOS DE JEHOVÁ

"Porque un ángel descendía de tiempo en tiempo al estanque, y agitaba el agua; y el que primero descendía al estanque después del movimiento del agua, quedaba sano de cualquier enfermedad que tuviese" (Juan 5:4)

"Felipe dijo: Si crees de todo corazón, bien puedes. Y respondiendo, dijo: Creo que Jesucristo es el Hijo de Dios" (Hechos 8:37)

"Y cuando hubo dicho esto, los judíos se fueron, teniendo gran discusión entre sí" (Hechos 28:29)

"La gracia de nuestro Señor Jesucristo sea con todos vosotros. Amén" (Romanos 16:24)

APÉNDICE: LECCIÓN DE PROFETAS

APÉNDICE: UN EJEMPLO DE COMO ENSEÑAR UNA LECCIÓN ACERCA DE LOS PROFETAS

PROFETAS

¿QUÉ ES UN PROFETA?

Un profeta es un testigo de Dios escogido. Los profetas de la antigüedad tenían la autoridad de ser mensajeros de Dios, y enseñaban a la gente el carácter de Dios. Cada vez que la gente perdía el sentido de la doctrina de Dios, un profeta tenía que restaurar la fe y vencer los conceptos incorrectos enseñados acerca de Dios.

Por ejemplo:

Moisés tuvo que destruir la imagen de oro que su gente estaba adorando (Éxodo 32:20). Su gente estaba confundida acerca de como adorar a Dios y como seguir su doctrina. Moisés recibió los Diez Mandamientos de Dios, como profeta, para superar la confusión de la gente (Éxodo 20; Esodo310dos tablas; Éxodo 34-dos tablas más). Por eso, los profetas de Dios eran escogidos para vencer las falsas doctrinas que eran enseñadas por los hombres.

Algunas veces la gente no cree en los profetas.

Por ejemplo:

Elías, el profeta dijo, "...porque los hijos de Israel han dejado tu pacto, han derribado tus altares, y han matad a espada a tus profetas; y sólo yo he quedado, y me buscan para quitarme la vida" (1Reyes 19:10).

Israel abandonó al Señor y adoró ídolos:

"Y servían a los ídolos, de los cuales Jehová los había dicho: vosotros no habéis de hacer esto...conforme a todas las leyes que yo prescribí a vuestros padres, y que os he enviado por medio de mis siervos los profetas. Mas ellos no obedecieron, antes endurecieron su cerviz" (2Reyes 17:12-14).

APÉNDICE: LECCIÓN DE PROFETAS

Jesús dijo, "Por tanto, he aquí, yo os envío profetas,...y a otros azotareis en vuestras sinagogas, y perseguiréis de ciudad en ciudad: (Mateo 23:34).

Pablo dijo, "...los judíos, los cuales mataron al Señor Jesús y a sus propios profetas, y a nosotros nos han expulsado" (1Tesalonicenses 2:14-15).

Aún Jesucristo, de quien se profetizó desde el principio, fue crucificado por decir que él era el Mesías, el Señor, el Salvador, el Gran Jehová (véase Mateo 27:35; Salmos 22:16; Juan 8:56-59).

Los profetas fueron rechazados por mucha gente que ellos mismos estaban siguiendo a Dios. Algunos ejemplos incluyen Israel (Éxodo 32), los judíos (Juan 5:16), la secta de los fariseos (Mateo 23:29-34), y muchos otros. Mucha de esa gente formaron su propia doctrina de los escritos del Antiguo Testamento y rechazaron que "ninguna profecía de la Escritura es de interpretación privada" (2Pedro 1:20-21).

DESPUÉS DE LA MUERTE DE CRISTO ¿HUBO PROFETAS DE DIOS?

Si. De echo, después de la crucifixión, Pablo escribió concerniente a la revelación dada a los profetas de la Iglesia de Cristo:

"Y los espíritus de los profetas están sujetos a los profetas. Pues Dios no es Dios de confusión , sino de paz" (1Corintios 14:32-33).

"Que por revelación me fue declarado el misterio...como ahora es revelado a sus santos apóstoles y profetas por el Espíritu" (Efesios 3:3-6).

"Edificados sobre el fundamento de los apóstoles y profetas, siendo la principal piedra del ángulo Jesucristo mismo" (Efesios 2:19-22).

"Y él mismo constituyó a unos apóstoles; a otros, profetas; a otros, evangelistas;...a fin de perfeccionar a los santos...hasta que todos lleguemos a la unidad de la fe...para que ya no seamos niños fluctuantes , llevados por

APÉNDICE: LECCIÓN DE PROFETAS

doquiera de todo viento de doctrina, por estratagema de hombres que para engañar emplean con astucia las artimañas del error" (Efesios 4:11-14).

Por lo tanto, así como Pablo dijo a los Efesios, para no ser confundidos por falsa doctrina, tenemos profetas y apóstoles como fundamento de la Iglesia de Jesucristo.

"Puse el fundamento, y otro edifica encima; pero cada uno mire como sobreedifica. *Porque nadie puede poner otro fundamento que el que esta puesto, el cual es Jesucristo*" (1Corintios 3:10-11).

¿VAN A VENIR PROFETAS EN ESTA ÉPOCA MODERNA?

Sí. El apóstol Juan recibió una revelación mientras estaba en la isla de Patmos. Dijo que antes de la Segunda Venida de Cristo, tendríamos profetas de nuevo. Él dice "Y daré a mis dos testigos que proficecen...[la gente] los matara...por tres días y medio...se levantaron sobre sus pies...y subieron al cielo un una nube; y sus enemigos los vieron...hubo grandes voces en el cielo, que decían: los reinos del mundo han venido a ser de nuestro Señor" (Apocalipsis 11:3-19).

Si hubiera profetas verdaderos en estos días antes de la Segunda Venida de Cristo, como Juan dijo, y si el fundamento de la Iglesia de Cristo son los profetas y apóstoles que reciben revelación de Dios, como dijo Pablo, entonces la iglesia verdadera de Jesucristo en estos últimos días debería tener profetas y apóstoles como su fundamento. De acuerdo con la Biblia, no hay otro cimiento.

PROFETAS Y APÓSTOLES EN ESTOS DÍAS

Explicaré muy brevemente la historia de un profeta moderno. En el año 1820, había un niño llamado José Smith de New York. Él estaba muy confuso en su juventud debido a las muchas iglesias que enseñaban tantas religiones

APÉNDICE: LECCIÓN DE PROFETAS

diferentes. Después de leer Santiago 1:5, que dice que debemos pedirle a Dios si no tenemos sabiduría. Decidió preguntarle a Dios directamente por medio de la oración. Como respuesta a su oración, Dios y Jesucristo se aparecieron a José Smith.

Muchos profetas de la Biblia vieron a Dios: Jacob (Génesis 32:33). Abram (Abraham) (Genesis 12:7), Felipe (Hechos 7:51-56), Moisés (Éxodo 33:11), Salomón (1Reyes 11:8-9), y otros.

Después, la vida de José fue muy diferente como testigo de Cristo. Pasó a ser un profeta de Dios. Tradujo el Libro de Mormón, un libro antiguo escrito por profetas americanos. Pero, como sucede siempre con los profetas, lo persiguieron. Así como el apóstol Pablo en la Biblia tuvo una visión y fue a defenderse delante del rey Agripa (Hechos 25:13-26), José también fue afligido.

José dijo, "¿Por qué me persiguen por decir la verdad? En realidad he visto una visión, y ¿quién soy yo para oponerme a Dios?, o ¿por qué piensa el mundo hacerme negar lo que realmente he visto? Porque había visto una visión; yo lo sabía, y sabía que Dios lo sabía; y no podía negarlo, ni osaría hacerlo; por lo menos, sabía que haciéndolo, ofendería a Dios y caería bajo condenación" (*José Smith Historia* 1:25). Después de que José Smith fuera asesinado por no haber negado nunca su testimonio, Dios continuó, y continúa, llamando profetas y apóstoles sobre la tierra quienes reciben revelación. Tenemos profetas hoy en día.

Por lo tanto, los profetas tienen la autoridad de actuar en el nombre de Dios. La autoridad es necesaria porque "nadie toma para sí esta honra, sino el que es llamado por Dios, como lo fue Aarón" (Hebreos 5:4-6)... "hecho sumo sacerdote para siempre" (Hebreos 6:20). Cristo también fue ordenado "según el orden de Melquisedec" (Hebreos 5:4-10). Los profetas necesitan la autoridad del Sacerdocio de Melquisedec (Melquizedek).

APÉNDICE: LECCIÓN DE PROFETAS

USTED PUEDE SABER QUE ESTAS COSAS SON VERDADERAS Y SENTIRLO EN SU CORAZÓN

Pregunte directamente a Dios por medio de la oración tal y como se explica en Santiago 1:5: "Si alguno tiene falta de sabiduría pídala a Dios quien da abundantemente."

Nefi, un profeta de la antigua América, dijo: "¿Habéis preguntado al Señor?... ¿No recordáis las cosas que el Señor ha dicho: Si no endurecéis vuestros corazones, y me pedís con fe, creyendo que recibiréis, guardando diligentemente mis mandamientos, de seguro os serán manifestadas estas cosas?"(Nefi 15:8-11).

En la antigüedad, mucha gente endurecía sus corazones contra los profetas. En el Nuevo Testamento, por ejemplo, los fariseos no aceptaron a Cristo ni a sus apóstoles. Aún a pesar de que creían en la resurrección, inmortalidad, ángeles, espíritus, y otras cosas, los fariseos rechazaron a la persona más importante, Cristo. Los fariseos disfrutaron haciéndole preguntas a Jesús para probarlo y engañarlo. Él respondió, "Bien profetizó de vosotros Isaías, como está escrito: este pueblo de labios me honra, mas su corazón esta lejos de mí. Pues en vano me honran, enseñando como doctrinas mandamientos de hombres. Porque dejando el mandamiento de Dios, os aferráis a la tradición de los hombres" (Marcos 7:5-8).

Usted puede recibir una respuesta a sus oraciones por medio del Espíritu Santo, como Pablo escribió: "Porque Dios nos las reveló a nosotros por el Espíritu...así nadie conoció las cosas de Dios, sino el Espíritu de Dios...no con palabras enseñadas por sabiduría humana, sino con las que enseña el Espíritu, pero el hombre natural no percibe las cosas que son del Espíritu de Dios, porque para el son locura, y no las puede entender, porque se han de discernir espiritualmente" (1Corintios 2:10-14). "Pero el fruto del espíritu es amor, gozo, paz, paciencia, benignidad, bondad, fe, mansedumbre, templanza: contra estas cosas no hay ley" (Gálatas 5:22-23)

BIBLIOGRAFÍA

Pregunte a Dios a través de la oración si estas cosas son verdaderas y él le iluminará la mente por medio del Espíritu.

BIBLIOGRAFÍA

(NOTA: Muchas referencias en este libro se han enumerado en español, aunque las referencias reales a continuación son los mismos publicaciones en su versión en Inglés. Las paginas de las referencias se refieren a las paginas de tal libro en su version de Ingles)

BIBLIOGRAPHY

Allen, James. *As A Man Thinketh*. Salt Lake City: Bookcraft.
Anderson, A. Gary, A. Baugh. "Biographies of the First Presidency and Quorum of the Twelve." Religion 333 Packet. Brigham Young University, 1998.
Anderson M. K., S. J. Hall. *Fundamentals of Sports Injury Management*. Baltimore: Williams and Wilkins, 1997.
Anderson, Richard Lloyd. *Investigating the Book of Mormon Witnesses*. Salt Lake City: Deseret Book Co., 1989.
Ballard, Russell M.. *Our Search for Happiness*. Salt Lake City: Deseret Book Co., 1995.
Behney, J. Bruce, Paul H. Eller; Kenneth W. Krueger, Ed. *The History of the Evangelical United Brethren Church*. Nashville, Tennessee: Parthenon Press, 1979.
Beier, L. *Mormons, Christian Scientists, Jehovah's Witnesses.*
Berenbaum, Michael. *The World Must Know*. Toronto: Little, Brown and Company, 1993.
Bible Dictionary: *1979 LDS edition of The King James Bible*. Salt Lake City: The Church of Jesus Christ of Latter-day Saints, 1979.
Braden, Charles S. *Religious Aspects of the Conquest of Mexico*. Durham: Duke University Press, 1930.
Brecher, Elinor J.. Schindler's Legacy. New York: Dutton, 1994.
Clark, Gordon H.. *What Do Presbyterians Believe?*. Philadelphia, Pa., 1965.
Coalition for Tobacco-Free Arizona. "Tobacco: Its Prevelance and Impact on Health." *http://aztobaccofree.org/tobprev.html*, 1999
Cornelison, S.. "Quetzalcoatl." Unpublished BYU Spanish Class Handout, 1996.
Crowell, Angela. *Hebrew Poetry in the Book of Mormon*.

BIBLIOGRAFÍA

Provo, UT: Foundation for Ancient Research & Mormon Studies, 1987.

Deseret News 1995-1996 *Church Almanac*. Salt Lake City: Deseret News, 1994.

Dictionary of the Bible. Ed. James Hastings. New York: Charles Scribner's Sons, 1963.

Discussions: Uniform System For Teaching The Gospel, 1-6. Corporation of the President of the Church of Jesus Christ of Latter-day Saints, 1986.

Dutrow, Katherine E., M. R. Motter, J. B. and D. S. Ranck. *A History of the Evangelical Reformed Church*. Frederick, Maryland, 1964.

Encyclopedia of Mormonism. 4 vol. Ed. Daniel H. Ludlow. New York: Macmillan Publishing Co., 1992.

Estep, William R.. *The Anabaptist Story*. Grand Rapids, Michigan: William B. Eerdmans Publishing Co., 1975.

Ferguson, Thomas Stuart, M. R. Hunter. *Ancient America and The Book of Mormon*. Oakland, CA: Kolob Book Co., 1950.

Fowler, J., M. Fowler, D. Norcliffe, N. Hill, D. Watkins. *World Religions*. Great Britain: Sussex Academic Press, 1997.

Friedmann, Robert. *Studies in Anabaptist and Mennonite History*. Scottdale, Pennsylvania: Herald Press, 1973.

Gaster, T. H. *The Dead Sea Scriptures*. Garden City, New York: Anchor Press/Doubleday, 1976.

General Handbook of Instructions. Salt Lake City, 1989.

Gospel Principles. Salt Lake City: The Church of Jesus Christ of Latter-day Saints, 1978.

Guyton, A. C., J. E. Hall. *Textbook of Medical Physiology*. Philadelphia: W. B. Saunders Company, 1996.

Halter, Marek. *Stories of Deliverance*. Translated by Michael Bernard. Chicago and La Salle: Carus Publishing Co., 1998.

Harris, Jr., Franklin S.. *The Book of Mormon Message and Evidences*. Salt Lake City: The Deseret News Press, 1953.

Hitler's Apologists. New York: Anti-Defamation League, 1993.

Holland, Jeffrey R., Daniel H. Ludlow, Robert J. Matthews, Robert L. Millet, Ellis T. Rasmussen, John W. Welch. *Nurturing Faith Through The Book Of Mormon*. Salt Lake City: Deseret Book, Co., 1995.

Holocaust Memorials. James E. Young, Ed.. New York, 1994.

Honore, Pierre. *In Conquest of the White God*. New York: G.P. Putman's Sons, 1964.

BIBLIOGRAFÍA

Horton, Douglas. *The United Church of Christ*. New York: Thomas Nelson & Sons, 1962.

Hughes, Richard T.. *Reviving the Ancient Faith*. Grand Rapids, Michigan: William B. Eerdmans Publishing Co., 1996.

Hymns of the Church of Jesus Christ of Latter-day Saints. Salt Lake City: The Church of Jesus Christ of Latter-day Saints, 1993.

Jacobs, Louis. *The Book of Jewish Belief*. West Orange, New Jersey: Behrman House, Inc., 1984.

Jacobs, Louis. *The Book of Jewish Practice*. West Orange, New Jersey: Behrman House, Inc., 1987.

Langer, Lawrence L.. *Holocaust Testimonies*. New Haven and London: Yale University Press, 1991.

The Life and Teachings of Jesus and His Apostles. Salt Lake City: The Church of Jesus Christ of Latter-day Saints, 1979.

Ludlow, Victor L.. BYU Judaism Class Lecture Notes, 1999.

Major World Religions. "Hinduism, Shinto, Taoism." http://www.omsakthi.org/religions.html, 2000.

McConkie, Bruce R. *Mormon Doctrine*. Salt Lake City: Bookcraft, 1993.

Morley, Sylvanus Griswold. *The Ancient Maya*. Stanford University, CA: Stanford University Press, 1946.

Moyles, R. G.. *"Not Just Another Church."* Salvation Army Edmonton Temple, 1992.

Nelson, Z.. "La leyenda de Quetzalcoatl entre los Mexica." Unpublished BYU Spanish Class Handout, 1996.

Neve, J. L.. *Churches and Sects of Christendom*. Blair, Nebraska: Lutheran Publishing House, 1952.

Oaks, Dallin H. CBS-TV interview, Dec. 30, 1986, unpublished transcript.

Packer, Boyd K. "Covenants." *Ensign*. Nov. 1990: 84-86.

Paldiel, Mordecai. *Sheltering the Jews*. Minneapolis: Fortress Press, 1996.

Palmer, Spencer J.. *Religions of the World, A Latter-day Saint View*. Provo, Utah: Brigham Young University, 1988.

Parry, Edwin F.. *Joseph Smith's Teachings*. Salt Lake City: The Deseret News, 1913.

Predicad Mi Evangelio. Salt Lake City: La Iglesia de Jesucristo de los Santos de los Últimos Días, 2004.

Principles of the Gospel. Salt Lake City: The Church of Jesus Christ of Latter-day Saints, 1969.

Reynolds, George. *The Myth of the "Manuscript Found."* Salt

BIBLIOGRAFÍA

Lake City: Juvenile Instructor Office, 1883.
Richards, Legrand. *A Marvelous Work and a Wonder*. Salt Lake City, Deseret Book Co., 1990.
Robinson, B.A. "Hinduism." "Shinto." *Religious Tolerance.org*. http://www.religioustolerance.org, 2000.
Roundhill, J. *Meeting Jehovah's Witnesses*. London: Lutterworth Press, 1977.
Saud, M. *Concept of Islam*. Indianapolis: American Trust Publications, 1983.
Schmucker, S. M. *History of All Religions*. New York: John B. Alden, 1884.
Seventh-Day Adventist Fact Book. Nashville, Tennessee: Southern Publishing Association, 1967.
Smith, G. Barnett, rewritten by Dorothy Martin. *John Knox: Apostle of the Scottish Reformation*. Chicago: Moody Press, 1982.
Smith, Joseph F. *Gospel Doctrine*. Salt Lake City: Deseret Book Co., 1975.
Smith, Joseph Fielding, compiled by Bruce R. McConkie. *Doctrines of Salvation*. 3 vol. Salt Lake City: Bookcraft, 1954-67.
Smith, Joseph Fielding, compiled, *Teachings of the Prophet Joseph Smith*. Salt Lake City: Deseret Book Co., 1976.
Smith, Joseph Fielding. *The Way To Perfection*. Salt Lake City: Deseret Book Co., 1963.
Smith, Lucy M.. *History of the Prophet Joseph*. Salt Lake City: Improvement Era, 1902.
Spaulding, Solomon. *Manuscript Story*. Salt Lake City: The Deseret News Co., Printers and Publishers, 1886.
Strong, James. *Concordance of the Bible, Hebrew and Chaldee Dictionary*.
Talmage, James E. *Articles of Faith*. Salt Lake City, Deseret Book Co., 1990.
Talmage, James E.. *The Great Apostasy*. Salt Lake City: Deseret News Press, 1909.
Talmage, James E. *Jesus The Christ*. Salt Lake City: Deseret Book Co., 1990.
Talmage, James E., *"The Theory of Evolution."* [A lecture delivered before the Utah County Teachers Association at Provo City, March 8, 1890]. Special Collections Library, Brigham Young University.
Tarnas, Richard. *The Passion of the Western Mind*. New York: Ballantine Books, 1993.
Teachings of Spencer W. Kimball. Edward L. Kimball, ed. Salt

BIBLIOGRAFÍA

Lake City: Bookcraft, 1982.

Thomas, Hugh. *Conquest: Montezuma, Cortes, and the Fall of Old Mexico*. New York: Simon and Schuster, 1993.

Vermes, G. *The Dead Sea Scrolls in English*. Great Britain: C. Nicholls & Company Ltd, 1980.

Wright, Randal. *Why Good People See Bad Movies*. USA: National Family Institute, 1993.

Yahil, Leni. *The Holocaust*. New York: Oxford University Press, 1990.

ACERCA DEL AUTOR

Adrian P. Call, Jr es descendiente del apóstol y misionero Parley P. Pratt. Pratt. Junto con Oliver Cowdery, Peter Whitmer Jr, y Ziba Peterson, Elder Pratt enseño a los indios americanos. "En el curso de su ministerio [Parley P. Pratt] viajo de costa a costa a través de lo que ahora es Estados Unidos, a Canada, y a Inglaterra; dirigió el trabajo de apertura en las Islas del Pacifico y fue el primer elder mormon en poner su pie en el suelo de Sud América." (Gordon B. Hinckley, "The Power of the Book of Mormon" *Ensign*, June 1988, p. 2).